Alain Supiot

アラン・シュピオ

橋本一径［訳］ 嵩さやか［監修］

フィラデルフィアの精神

グローバル市場に立ち向かう社会正義

L'Esprit de Philadelphie

La justice sociale face au marché total

勁草書房

L'Esprit de Philadelphie

La justice sociale face au marché total

by Alain Supiot

Japanese translation published by arrangement with Éditions du Seuil through
The English Agency (Japan) Ltd.

ブルーノ・トレンティンの思い出に

フィラデルフィアの精神

グローバル市場に立ち向かう社会正義

目次

目次

目　次

凡例

- 原著者による補足は［　］で、訳注を〔　〕で示した。
- 本書の引用文献に既訳がある場合は既訳を参考にした。ただし、本書にあわせて適宜表記訳語等を修正した。
- 原文で大文字の単語は、必要に応じて〈　〉で示した。
- 引用されている条文番号は、原著による。

はじめに

普遍的であることを使命とする最初の国際的な権利宣言がフィラデルフィアで布告されたのは、一九四四年五月一〇日のことだった。連合軍によるノルマンディ上陸に数日ばかり先立って採択されたこの宣言は、力に依拠するのではなく、〈法権利〉と正義に依拠する新たな世界秩序を、第二次世界大戦後に打ち立てようという、最初の表明でもあった。国際労働機関（ＩＬＯ）の目的と目標に関する宣言という飾り気のない表題のもとに、この文書が宣告しているのは、「加盟国の政策の基調をなすべき、［…］世界のあらゆる人民に充分に適用できる」諸原則である。このフィラデルフィア宣言の数週間後にはブレトン・ウッズ協定が締結され、翌年には国際連合が創設、そしてついに一九四八年には世界人権宣言が採択された。つまりこれは様々な点から見て先駆的なテキストなのであり、社会正義を国際的法秩序の要石のひとつに据えようとしたこのテキストの精神は、その後のあらゆる段階に息づいているのである。

このテキストを驚きなしに読み直すことが難しいのは、それがここ三〇年来の国内・国際政治を支配するウルトラリベラルなドグマの対極をなしているからである。経済のグローバル化に取り込まれた流れを自明のものにしようとするプロパガンダが、人類全体に対して議論の余地すら与えずに立ちはだかり、二つの世界大戦の経験から引き出された社会的な教訓の記憶すらも覆い隠してしまったようだ。金融市場の無謬性に対する信仰が、生産や世界規模での富の配分において少しでも正義を優先させようという意志に取って代わり、経済の新世界秩序の敗者たちの大群を、移民や排斥や暴力に追いやっている。こうしたシステムの破綻が明らかになりつつある今日、ウルトラリベラルなイデオロギーの廃墟の下から、このイデオロギーによって消し去られようとしていた戦後規範の成果を、掘り起こすことが求められている。

フィラデルフィアで定められた原則とは、苦い歴史的経験の果実であり、その意義を十全に理解するには、当時の状況に身を置き直してみる必要がある。[1] 一九四四年には広島の爆撃もまだ行われておらず、大虐殺《ショア》の甚大さもまだ知られておらず、スターリンによる常軌を逸した粛清も、否定されてはいなかったものの、同盟国の間で問題にされることはなかった。しかし同盟国の勝利に疑念の余地はなく、フィラデルフィア宣言の起草者たちは、一九一四年から一九四五年まで世界を引き裂いた「三〇年戦争」を教訓とした新たな世界秩序の礎を築くことを目指していた。未曾有の暴虐の続いたこの期間が甘受することになったのは、ヴェルダンに始まり、アウシュヴィッツやグラーグを経て広島へと至る、様々な恐怖の変奏である。しかしそれらの変奏には、人間を「科学的」に「人的資源」（ナチスの用語）や「人的資本」（共産主義の用語）とみなし、天然資源の搾取と変わらぬ有用性の見積もりや産業的手法を応用しようという、同じテーマが流れている。

人間を昆虫のようにみなすこのような態度が、かつての諸世紀においても、アメリカの発見やアフリカ探索に際して、すでにあからさまであったのは確かだ。二〇世紀までは「原始人」たちが、有用であるか有害であるかの度合いに応じて、搾取したり退治したりする事物のように取り扱われていた。これに対してヨーロッパの勤労者階級の搾取は、契約の自由と平等原則の庇護のもとに繰り広げられ、彼らの人間性を否定するどころか、むしろその十全な達成を可能にするものとされた。けれどもこの勤労者階級こそが誰よりも先に、機械化および産業的な人材管理への隷従を、自らの骨身で体験したのであり、こうして「社会問題」が、一九世紀の諸問題の核心に顔を出したのだ。

二〇世紀前半の恐怖の新しさは、それまで区別されていた二つの現象が合体したことに起因する。「原始人」だけでなく「文明人」もまた事物として扱われるようになったことがひとつ。人間の産業的管理がもはや工場だけには収まりきらなくなり、戦時および平時における統治の一般的原則としての地位を獲得したことがもうひとつである。この合体は科学主義の賜物であり、自然や社会を支配するとされる内在的な法に基づく人間の統治を打ち立てるのだと、科学主義は嘯いている。科学によって発見される自然の法は、観察された現象に固有のものであるのに対して、人間の生に秩序や意味を与える法は公準として設定される必要があることは、真の科学者ならば了解している。これに対し科学主義者たちは、フェティッシュ化した〈科学〉の中に人類を支配する「真の法」を見出したと信じ、この法を君臨させようと息巻いているのである。

二〇世紀に繁栄を見たのは科学主義の二つのヴァリエーションである。一方は生物学と人類学の法を引き合いに出し、他方は経済と歴史の法を引き合いに出す。これらの二つのヴァリエーションを融合させようという努力[2]が突き当たることになるのは、両者が多くの点で方向性を異にしているという事実であり、それらの点は決して見過ごされるべきではない。だが正義の理想ではなく、人類を支配するとされる「盲目的な力」の作用に、人間の統治を任せようとしている点では、両者は一致している。エンゲルスは以下のように記している。

「社会主義は科学となったのであるから、今やその細部や関連を十全に展開させるべきときである。［…］人々の頭の中、つまり永遠の真理や正義についての理解の進展の中ではなく、生産や交換の方法の変化の中にこそ、あらゆる社会変化や政治的動乱の最終原因を探求すべきである。哲学の中ではなく、当該の時代の経済の中にこそ探求すべきだということだ。［…］社会に影響力を与える力の働き方は、自然の力とまったく同じである。私たちが理解をせず、考慮にも入れていないうちは、その力は盲目的で激しく、破壊的である。だがひとたびそれが認識されて、活動や方向、影響を私たちが把握すれば、その力を思いのままにし、その力のおかげで目的に到達できるようになるのは、私たち次第なのだ[3]」。

後ろ盾にされているのが生物学であるか「科学的社会主義」であるかに応じて、科学主義的な規範性は、優生学と人種法則という形を取ることもあれば、プロレタリア独裁と「社会主義的適法性」という形を取ることもある。しかしそれらのヴァリエーションがどれほど多彩であれ、〈科学〉の「真の法」は地球全体に立ちはだかっているのだから〈法権利〉はそれに適合するべきだと考えている点では一致している。〈法権利〉がこのように超人間的な適法性に従属しているということは、当然ながら科学主義的な信と宗教的な信を近づけることになる。〈科学〉により発見された法への信頼が、神により啓示された法への信頼に取って代わる。二〇世紀の様々な大イデオロギーがキリスト教に負っているもののすべてを理解するためには、科学の進歩による復活を期待してミイラにされたレーニンの霊廟を訪れさえすれば十分だった[4]。

だが科学的な規範性と宗教的な規範性の差異も見落とすわけにはいかない。聖書の宗教であれば、どれほど決定論的であろうと（カルヴァン派のように）、自由意思に余地を残していたのに対して、科学主義的な見解では、人間とは生物学的ないし社会経済的アイデンティティによって決定づけられた存在である。このような「現実主義」によって、道徳的・法的ないし宗教的などのあらゆる種類の規則に固有の適法性に異議が申し立てられ、人間の生命を支配するとされる「内在的な法」に、他人も自分も従うべきとされる。ヒトラーによれば、「内在的な法の定めるところにより、富はそれを獲得した者に属する。［…］これは自然の法則に適うことである。［…］最適者の生存を可能にするための絶え間なき闘争を正当化するのは、淘汰の法則である。キリスト教とは自然法則に対する反抗であり、自然に対する異議申し立てである。その論理を極端にまで押し進めれば、キリスト教は人間のくずの体系的な培養を意味することになるだろう[5]」。このような立法者なき法への信は、歴史ないし人種の法則に断罪された人々に、改宗ではなく絶滅を迫り、「社会の寄生的な層を取り除く」[6]のである。トロツキー曰く、「歴史のゴミ箱」行きを定めづけられた「人間のくず」たちは、強制労働と絶滅を組み合わせた、産業的管理の管轄に置かれる。前世紀の歴史に傷跡を残した異常な殺戮の特徴が、そこには見出されるのかもしれない。

一九三三年シカゴ万博のスローガン——「科学は発見し、産業は応用し、人間は適応する」——だけでも十分にわかるように、人間の科学的な管理というイデオロギーは全体主義国家の占有物ではない。適応能力や文明の度合いに応じた階層的な「人種」に人間を分類することは、啓蒙時代の背後で生み出されたものである。[7] 一九三〇年代には人種生物学・人類学が各地で栄華を誇り、英国が例外的であったのは特筆されるが[8]（議会が科学主義プロパガンダに抵抗したのだ）、プロテスタント諸国はすべて優生法を採択した。広島と長崎の市民に対する原爆実験によって第二次世界大戦が終結したという事実からすれば、人間集団の産業的な殲滅が民主主義体制でも生じうるのを否定することはできない。レオ・シラード（原子力兵器の発展に貢献しながらもその使用を食い止めようとした物理学者のひとり）によれば、「私たちではなくドイツ人が原子爆弾を投下したなら、私たちは都市への原爆投下を戦争犯罪とみなし、ニュルンベルク裁判でドイツの責任者たちに死刑を宣告し、絞首刑に処していたことだろう」[9]。

神が啓示したり科学が発見したりした「真の法」に人々を従わせたい者は、〈法権利〉が単なる「表面的な法」のシステムで、それ自体は固有の正当性を持たないと考えがちである。このような信念をもっとラディカルに実践すれば、文化大革命時の毛沢東主義者や、アフガニスタンのタリバンのように、法秩序があっさりと廃止されることになる。しかし見かけだけは適法性を備えている場合でも、「真の法」が呼び起こされれば、いつでもその適法性は取り消されうる。この場合には、マルティン・ブロシャートがヒトラー国家について看破したように、「法という形式をとってもたらされた適法性原則の段階的な解消が、法外な、もしくは何であれ形だけは法的な犯罪行為に行き着くことになる」[10]。

ハロルド・バーマンによる巧みな表現によれば[11]、社会主義的適法性が創設したのは法の支配（*rule of law*）ではなく、最良の期間においてすら（スターリンの没後）、法を用いた支配（*rule by law*）であった。第三帝国と同様に共産圏においても、法治国家は常に例外状態という特権の介入にさらされており、法が社会主義の構築にとっての障害になることは許されなかった。「ブルジョワ的適法性」とは対照的に、「社会主義的適法性」は、いかなる個人に対しても絶対的に確かな権利を授けることはなかった。ソビエト民法第一条はこの点について明快であった。「法が市民の権利を保証するのは、その実現が社会国家目標と矛盾を来さない限りでのことである」。何であれ規則のシステムを法的と形容するのでもない限り、ソビエト体制は一九四八年の世界人権宣言における意味での「法の支配」を構成してはいなかった。精神病院の入院患者に対して定められた行動規則も十分にシステムとなりうるが、法の支配を生み出すことはないのは、医師による自由裁量的な評価によりこの規則はいつでも撤廃されうるからだ。この規則は単なる正常化のための道具にすぎず、医学を利用するためのこの純粋な技術が、収容患者のための個人の権利を生み出すことはありえない。この観点からすれば、スターリンによる大虐殺を慎ましやかに名指すために日常的に用いられていた「粛清《パージ》」という語は、「社会にとって有害な、過去に属する分子」[12]の大量虐殺をあからさまに示さないための便利な婉曲語法にとどまるものではない。「白衣の正義」（異分子を精神病患者と同一視する）や「人員削減」（解雇された賃金労働者を重量超過と同一視する）と同じように、「粛清」は生物学的な正常性に関係しており、科学主義に典型的な、「そうであること」と「そうあるべきこと」の隔たりの黙殺、正常性と適法性との隔たりの黙殺を伴っている。人間社会を事物や巨大な器官とみなし、その機能は内在的な組織法則に従っていると考えるのなら、この黙殺が幅を利かせることだろう。器官の中にいるのは犯罪者ではなく、せいぜい病的もしくは寄生的な部位のみであり、治療か除去がふさわしいということになる。

ナチスの教義によれば、「〈法権利〉は人間の発明品である。自然には公証人もいなければ、土地測量技師もいない。神が知るのは力のみである」[13]。国家はといえば、それは「ある目的のための手段でしかない。その目的とはすなわち、生物学的・精神的に同等な存在たちからなる共同体の保存である」[14]。この純粋に道具的な着想が実行に移された結果、第三帝国は二重国家となり、法治国家は例外状態という無限の特権と常に対峙することになった。[15]ゲーリングによる快楽主義的な表現によれば、「我々の気に入ったものが法律だ（*Recht ist das, was uns gefällt*）」[16]。「健全な」市民の義務とはつまり、実定法を遵守することであるよりもむしろ、総統の意志を詮索し、場合によっては先取りすることであり、総統が各人に通達するのは、遵守すべき規則であるよりも、到達すべき目標である。[17]国民社会主義体制の唯一の「憲法」は戒厳令だった（ヴァイマール憲法の保障する基本的権利を停止した一九三三年二月二八日の法令）。このように例外状態を法秩序の基礎に据えることは、ナチス法学者の最先鋒カール・シュミットの理論に適合していた。この理論によれば、政治権力は何らかの規範により基礎づけられているか否かによって区別されるべきではなく、全体主義国家と法治国家は法的には区別されない。

今日では一部の法学者により「非科学的」であり法的形態の中立性に反するとみなされて、再び意義を申し立てられているこの区別は、終戦直後には、臨床上のエビデンスと同じくらい有無を言わせぬものだった。全体主義国家と法治国家とは、狂気と理性くらい異なるものであることを、歴史的経験が教えてくれたのである。限界なき権力という幻想が満たされるのは、殺人によってのみである。文明的な国際秩序の再建のためには、世界的に認められる権利と自由をすべての国家が尊重し、「世界のあらゆる国民」に共通の正義の理想のための規範的土台が築かれなければならなかった。国家同士の競争が、個別の利益を超越する一般利益の実現を目指す協調に置き換わる必要があった。フィラデルフィア宣言と、それに依拠して採択された諸々の文書は、権力を〈法権利〉に仕えるものに戻し、あらゆる種類の法秩序に共通の諸原則を打ち立てようという意志の表れである。一九四八年の世界人権宣言に「法の支配」が登場して、「人間が専制と圧迫とに対する最後の手段として反逆に訴えることがないようにするため」の必須条件とされたのはこのためである。世界人権宣言のフランス語版に用いられた、「法の支配（régime de Droit）」というあまり一般的ではない表現は、英語版の rule of law という概念をできるだけ忠実に訳したものである。全体主義の経験を教訓とした国際的な法秩序を、国の多様性を超えて創設したいという熱望にうまく応えているのは、「法治国家」という概念よりもむしろこちらである。

フィラデルフィアはこうした熱望を庇護する都市としてどこよりもふさわしかった。一八世紀アメリカ啓蒙の拠り所となったこの町の、ギリシア語（兄弟愛）から作られた名が象徴するのは、友愛と宗教的寛容の世界に対する創設者たちの熱望である。アメリカ的伝統の輝かしいこの側面こそが、世界のいたるところで行使されるべき四つの自由についての、フランクリン・ルーズベルト大統領による一九四一年一月六日の名高い演説の着想源である。つまり表現の自由（freedom of speech）、信教の自由（freedom of religion）、欠乏からの自由（freedom from want）、恐怖からの自由（freedom from fear）の四つだ。革新的だったのは最後の二つ、とりわけfreedom from wantという目標である。ケインズの思想やニューディールの経験に基づき、「欠乏からの自由」という理念は、社会正義と経済的繁栄を分かちがたく結びつけたのであり、wantとは人々の必要であるとともに、市場における需要としても理解されなくてはならない。この理念は一九四一年に大西洋憲章にも取り入れられ、それにより戦後の国際政治の基礎が築かれた。ルーズベルトとチャーチルがその中で述べたのは、「労働条件の改善、経済発展、社会保障を確かなものとするために、経済領域におけるすべての国々の完全なる協調を実現する」という希望である。これらの政治的宣言の影響を強く受けながら、戦後に採択された諸々の法的な仕組みを動かしているのも、同じ精神である。まさにそれが「フィラデルフィアの精神」であり、以下のようなその五つの基本的特徴は、後にＩＬＯ憲章に組み込まれたフィラデルフィア宣言の中だけでなく、国連憲章前文や、世界人権宣言の中にも見出すことができる。

（1）これらの原則は聖なる文書によって啓示されたわけでもなければ、自然の観察を通して発見されたわけでもなく、人間によって確認されたのである（フィラデルフィア宣言「総会は根本原則を再確認する」）。神による後ろ盾（一七七六年のアメリカ独立宣言や一七八九年の人権宣言はそれを必要とした）や科学による後ろ盾（ナチズムや共産主義はそれを必要とした）を引き合いに出すことのないこの確認は、明白にドグマ的であり、ある種の信仰の行いの形で表現される（国連憲章「われら連合国の人民は、われらの信念を宣言することを決意する」）。

（2）この信仰の行いが理性の行いでもあるのは、それが経験に由来しているからだ。「われらの一生のうちに二度まで言語に絶する悲哀を人類に与え」（国連憲章）、「人類の良心を踏みにじった野蛮行為をもたらした」（世界人権宣言）この戦争経験は、「永続する平和が社会正義を基礎としてのみ確立できるという国際労働機関憲章の宣言の真実性を十全に証明している」（フィラデルフィア宣言）。あらゆる国々・あらゆる信仰の人々が、正しい秩序を共に築き上げ、残忍さの経験から教訓を引き出すための道具、それが〈法権利〉だ。「人間が専制と圧迫とに対する最後の手段として反逆に訴えることがないようにするために、人権が法の支配によって保護されることが肝要である」（世界人権宣言）のはこのためである。

（3）人間をモノ化することによりもたらされる影響は致命的であるのが、先の経験により明らかになった以上、「人類という家族のすべての構成員に固有の尊厳［…］が、世界における自由、正義および平和の基礎である」（世界人権宣言）ことを認めなければならない。戦前から布告されていたいくつかの権利や原則とは異なり、「人種、信仰、性別を問わず、すべての人間」（フィラデルフィア宣言）に平等の尊厳がこうして確認されたことは、ひとつの発明であり、世界人権宣言が人間の尊厳を法秩序の基本原則にまで引き上げ、あらゆる法権利や他の基本原則を下支えするとしたことを鑑みれば、なおさらこの発明は重大である。自由や平等のような基本原則は、互いに調停が必要であるが、人間の尊厳という原則について妥協すれば、法秩序全体の見直しを迫られるだろう。この原則を導き出すことになった、人間のモノ化という経験以降、もはや人間は、精神においてのみならず、肉体においても考慮されねばならなくなった。人体や、人体が必要とするものは、人間に動物的生の性質を帯びさせるが、かといってそれらを動物と同じように扱うことは、人間の尊厳により禁じられている。このような人間的生の理解の仕方は、精神と物質という古い対比を超越している。この精神／身体という二元論を超越するためには、人間を資材や人的資本に還元するイデオロギーとだけでなく、人間を純粋な理性的存在とみなしてきた、かつての諸々の人権宣言とも、決別しなければならないのだ。

（4）このように理解される尊厳の原則によれば、自由の要請と保障《セキュリティ》の要請は結びつけられる必要がある。「自由に語り、信じる」ためには、人間は「恐怖と欠乏から解き放たれ」（世界人権宣言）るのに十分な肉体的安全《セキュリティ》と「経済的保障」（フィラデルフィア宣言）に浴していなければならない。つまり法秩序は「いっそう大きな自由の中で生活水準を向上」（国連憲章）することに貢献しなければならないのだ。このような保障と自由の結びつきは、フィラデルフィア宣言が列挙する以下の四つの根本原則に共通の特徴である。（a）労働の尊重（「労働は商品ではない」）。（b）集団的自由（「表現および結社の自由は、不断の進歩のために欠くことができない」）。（c）連帯（「一部の貧困は、全体の繁栄にとって危険である」）。（d）社会的民主主義（「欠乏に対する戦いを各国内で遂行するために必要なのは［…］継続的かつ協調的な国際的努力であり、そこでは労働者および使用者の代表者が［…］一般の福祉を増進するための自由な討議および民主的な決定に参加していなければならない」）。こうして人間の尊厳は、自由の名のもとに保障を愚弄したり、保障の名のもとに自由を抑圧したりするシステムに対して、異議を申し立てるのである。

（5）このような精神の自由と肉体の安全との結びつきは、経済組織を社会正義の原則に従属させることに行き着く。一九一九年に採択されたＩＬＯ憲章は、「永続する平和は社会正義を基礎としてのみ確立することができる」と、すでに明言していたが、社会正義とは何かの定義はされておらず、経済的・財政的な観点からの帰結が引き出されることもなかった。フィラデルフィア宣言はこの二点を革新したのである。第一に、世界的でわかりやすい社会正義の定義がなされた。「すべての人間は、人種、信条または性にかかわりなく、自由および尊厳ならびに経済的保障および機会均等の条件において、物質的福祉および精神的発展を追求する権利をもつ」（第二条a）。第二に、このように理解された社会正義の実現が、「国家ならびに国際の政策の中心目的」とされた。このため「国家ならびに国際の政策および措置はすべて、特に経済的・財政的性質をもつものは、この見地から判断することとし、この根本目的の達成を促進するものであり、妨げないものであると認められる限りにおいてのみ、是認されることとしなければならない」（第二条c）。フィラデルフィア宣言においては、経済と財政は人間に仕える手段なのだ。

目下のグローバル化の行程において支配的なのは、これとは正反対の観点である。社会正義が目標となるかわりに、資本と商品の自由な流通が目標となり、手段と目的とのヒエラルキーが覆された。ルーズベルトの主張した四つの自由は、資本と商品の自由な流通と、歯止めなき競争とに場所を明け渡した。人間の必要に応じて経済をスライドさせるのでも、経済の必要に応じて金融をスライドさせるのでもなく、金融の必要に応じて経済をスライドさせ、人間が経済に仕える「人的資本」のように扱われている。

本書の目的は、一九一四年から一九四五年にかけての期間の経験より引き出された教訓を帳消しにしたと思われる、この大転換を分析することである。同時にまた、「すべての人間が、人種、信条または性にかかわりなく、自由および尊厳ならびに経済的保障および機会均等の条件において、物質的福祉および精神的発展を追求する権利をもつ」（フィラデルフィア宣言第二条a）ような世界の理想をあきらめていない者すべてにとって、この精神は今日性をとどめているのを示すことも、本書の目的である。

注

1 採択に至った諸条件については以下を参照。Eddy Lee, « La Déclaration de Philadelphie: rétrospective et prospective », *Revue internationale du travail*, vol. 133, 1994, n° 4, p. 513 *sq*.

2 経済の法則とみなされるものを生物学で下支えしようという目論見は一九世紀にまでさかのぼることのできるものであり、定期的に再浮上している。市場を自然法則に根付かせたいと願う経済学者たちの頭の中では、しばらく前から神経科学と遺伝学がしのぎを削っている。以下を参照。Gary S. Becker, "Altruism, Egoism, and Genetic Fitness: Economics and Sociology," in *The Economic Approach to Human Behavior*, University of Chicago

Press, 1976, p. 282 *sq.*; Aldo Rustichini（ed.）, "Special Issue on Neuroeconomics," *Games and Economic Behavior*, vol. 52/2, Aug. 2005, p. 201–494.

3 Friedrich Engels, *Socialisme utopique et socialisme scientifique*（1880）, Aden, 2005〔エンゲルス『空想より科学へ』、大内兵衛訳、岩波文庫、一九六六年改版、六三、六五、八四頁〕.

4 以下を参照。Robert Tartarin, « Transfusion sanguine et immortalité chez Alexandre Bogdanov », in Alain Supiot（dir.）, *Tisser le lien social*, Maison des sciences de l'homme, 2004, p. 305 *sq*.

5 Adlof Hitler, *Libres propos sur la guerre et sur la paix, recueillis sur l'ordre de Martin Bormann*, Flammarion, 1952, p. 51.

6 レーニンの指揮のもとに起草され、一九一八年一月のソビエト大会で採択された、「勤労・被搾取人民の権利宣言」。

7 André Pichot, *Aux origines des théories raciales. De la Bible à Darwin*, Flammarion, 2008.

8 Patrick Zylberman, « Les damnés de la démocratie puritaine: stérilisations en Scandinavie, 1929–1977 », *Le Mouvement social*, 1999, n° 187, p. 99–125; André Pichot, *La Société pure. De Darwin à Hitler*, Flammarion, 2000.

9 Leó Szilárd, "President Truman Did Not Understand," *U.S. News & World Report*, August 15, 1960.

10 Martin Broszat, *Der Staat Hitlers*, 1970, trad. fr. *L'Etat hitlérien. L'origine et les structures du troisième Reich*, Fayard, 1985, p. 469.

11 Harold Berman, *Law and Revolution*, Harvard University Press, t. II, 2003, p. 19〔ハロルド・バーマン『法と革命 Ⅱ』、宮島直機訳、中央大学出版部、二〇一〇年、二〇頁〕.

12 以下を参照。Nicolas Werth, « Les crimes de masse sous Staline (1930–1953) », *Online Encyclopedia of Mass Violence*, http://www.massviolence.org/Aticle?id_article=124, 2008.

13 Adolf Hitler, *Libres propos sur la guerre et sur la paix, recueillis sur l'ordre de Martin Bormann*, *op. cit.*, p. 69.

14 *Id.*, *Mein Kamp*〔ヒトラー『わが闘争』〕. 以下の引用より。Ernst Fraenkel, *The Dual State. A Contribution to the Theory of Dictatorship*, Oxford University Press, 1941, reprint Lawbook Exchange Ltd, Clark, 2006, p. 136〔E・フレンケル『二重国家』、中道寿一訳、ミネルヴァ書房、一九九四年、一六八頁〕.

15 この二重性をあからさまに物語るのが一九三九年一〇月七日の機密法令であり、これによりヒトラーはヒムラーに対して「帝国およびドイツ国民の共同体に対する危機を表す外国分子の有害な影響を廃絶する」許可を与えた（以下の引用より。Martin Broszat, *L'Etat hitlérien*, *op. cit.*, p. 462）。

16 以下におけるラッシュ・リーズの引用による。Ludwig Wittgenstein, *Leçons et conversations*, trad. fr. Gallimard, « Folio », 1992, p. 173.

17 以下を参照。William Ebenstein, *The Nazi State*, Farrar & Rinehart, 1943, p. 3 *sq*.

I 大転換

第一章　共産主義と資本主義の蜜月

今日では「フィラデルフィアの精神」は、英米のウルトラリベラルな反革命と、共産諸国の市場経済への転向という二重の影響により、正反対のものに場所を明け渡している。

ウルトラリベラルな反革命

このような包括的な用語がここで示しているのは、レーガン政権およびサッチャー政権、さらには彼らの後継者たちが実行に移した教説である。彼らは一九世紀の過激王党派《ウルトラ》よろしく、神話化した旧体制を復興し、それに続いた新体制の痕跡を消し去ろうとした。このように定義されるウルトラリベラリズムは、経済領域だけでなく国際政治の領域にも広がりを持っている。経済面では、大陸ヨーロッパでネオリベラリズムと呼ばれる、福祉国家の解体と、「市場の自発的な秩序」の復興を目指すものが、その中に含まれている。国際面では、それは新保守主義、つまり必要によっては武力でこの秩序を世界中に広げようとするメシア思想として現れる。このテーマに関して「革命」を、この語が法制史において得ている正確な意味において語ることは正当である。[1] 一九八〇年代にイギリスとアメリカで実行に移されたウルトラリベラルな教説は、やがて西洋諸国全体に広がった。戦後に社会領域において取り入れられた諸改革が、この反革命の最初の標的であったことは、フランスにおけるその最先鋒のひとりドゥニ・ケスレール氏による号令が証言しているとおりである。彼は「全国抵抗《レジスタンス》評議会プログラムの徹底的な解体」[2]を呼びかけたのだ。全国抵抗評議会プログラムとは、フィラデルフィア宣言の二か月前に、この宣言と同様の精神に動かされながら、非合法下で採択されたものであり、一九四六年憲法の前文（今日でも有効である）として結実することになる「社会共和国」計画の大筋がそこには含まれている。そこではとりわけ以下のことが予見されていた。「最大限の民主主義の確立［…］、報道の自由およびカネの力からの報道の独立［…］、経済的・社会的な面での真の民主主義を創始し、諸々の財閥に経済の舵取りをさせない［…］、労働の権利と休息の権利、とりわけ労働契約制度の立て直しと改善［…］、経済生活・社会生活の組織において強い力を持った、独立的な組合活動を、伝統的な自由を維持したまま再建する［…］、欠けたところのない社会保障プランにより、労働で生活手段を得ることができなくなったすべての市民にそれを保証し、運営は利害関係者の代表と国に委ねる」。

このような抵抗《レジスタンス》の社会的遺産を「徹底的に解体」せよとの呼びかけは、ここ三〇年来ネオリベラルな理論家たちが、フィラデルフィアの精神の薫陶を受けたあらゆる文書に対して向けてきた、さらに広範な批判からすると、驚くには値しない。とりわけこの批判を展開してみせたのが、現代の経済原理主義の父のひとりたるフリードリヒ・ハイエクである。ノーベル経済学賞と呼ばれる賞の最初期の受賞者のひとりであるハイエクは、法学者としての教育を受け、著作の一部では、自らの経済理論が要請する〈法権利〉や制度の改革を詳述している。彼によれば一九四八年の世界人権宣言に認められた経済的・社会的権利が「強制力のある法の中に書き加えられれば、伝統的市民権が目標とする自由秩序を必ず破壊することになる」[3]。終戦後の規範的な成果物に対する辛辣な批評家であるハイエク[4]はとりわけ、それが経済問題にまで影響力を及ぼす「無際限の民主主義」を作り上げたといって批判する。「市場の自発的秩序への介入を政治家たちにひとたび許せば、彼らは［…］累積的なプロセスを始動し、それに内在する論理が、経済に対する政治の支配の絶えざる拡大に行き着くことは不可避的である」[5]。この批判から生まれたのがウルトラリベラル革命の第一目標である。つまり投票の力が市場の「自発的秩序」に及ばないようにするという目標だ。そのためには労働および富の分配さらには貨幣が、政治の圏域からまるごと外れていなければならない。このような民主主義の制限は、無知な人民が、彼らの理解の及ばない経済法則に口を挟まないようにするために必要なのである。「市場経済の大部分は彼らには理解不能である。彼らは市場経済が拠って立つ規則を実践したことがなく、その結果は彼らには不合理で不道徳なものに見える［…］。正しい分配という彼らの要求──そのために組織的権力が用いられて各人の取り分が与えられる──とは原初的な感情に基づいた先祖返りだということである」[6]。

ハイエクによれば、連帯を基礎とする制度はどれもこの「分配的正義という先祖返り的な理念」に由来しており、価格の正しさと個人の利益の追求とに基づく「市場の自発的秩序」を破滅に導くことしかできないという。したがって民主主義の制限には、そうした制度の解体が必然的に伴わなければならない。ウルトラリベラルなプログラムは、そうした制度の「解体」だけでなく、再建の阻止をも目標としていた。だからこそ「様々なグループ内や個人間で福祉の基準を定めるのを禁じる」合憲的な手段により「政治を奪還する」必用があるのだ。[7]

このような脱政治化への意志に突き動かされて、大半の経済学者は、「政治経済学」の知的伝統をかなぐり捨てて、精密科学の猿真似の「経済科学」に鞍替えし、アルフレッド・ノーベルの威光を借りて自分で自分に優秀賞を与えるに至っている。[8] こうした科学的正当性の追求は、同時進行していたウルトラリベラル革命に欠かせない要素だった。民主主義社会において政治的議論を免れることができるのは、科学的規範と宗教的規範だけであるので、経済を脱政治化するためには、それが科学に属すると信じる必要があるし、信じてもらう必要もある。他方でウルトラリベラル革命は、諸々の有力な科学主義イデオロギーとの復縁を、計らずも果たしていた。とりわけ内在的な経済法則の存在を信じ、政治の役割はその法則を利用することであり疑問に付すことではないと考えていた、科学的社会主義との復縁である。

思想や行動の自由と物質的な安心《セキュリティ》との間の関連性を否定するウルトラリベラルな教条は、むしろ労働者が経済的に不安で、リスクにさらされていることが、彼らの生産性や創造性の原動力であると想定している。経済機構が社会福祉の諸目標に従属することを拒むこの教条は、そのかわりに金融の安全を至上命題として、国家もそれを尊重することが、民主的なコントロールを完全に免れた諸機関によって強いられる。社会正義という理念を原則として拒絶するこの教条によれば、労働の分配とその恩恵とは市場の自発的秩序に従属するので、やはり公的な介入から守られていなければならないのである。

このようなドグマの集大成が、一九八〇年代からのアメリカとイギリスの政策に、次いで一九九〇年代半ばからは欧州委員会に、強い影響をもたらした。自らの政治活動にTINA（「この道しかない（There is no alternative）」）というスローガンを与えたサッチャー女史は、ある日下院でハイエクの『自由の条件』を掲げて、「私たちが信じているのはこれ」[9]だと言い放ったという。引退後に自らの最大の政治的成功は何かと聞かれれば、「トニー・ブレア」と答えたに違いない。こうした逸話で強調されているのは、ウルトラリベラルなテーゼが、ヨーロッパの左翼の大部分を乗っ取ってしまったということである。フランスでも、英米に倣った経済・金融改革の大半は、社会主義政権によって採択されたものである。[10]

ウルトラリベラル革命を体現するのは国内法の改革だけではない。戦後に表明された見解の対極にある新たな国際秩序の構築を目論む、新保守主義的な教条もその派生物である。フィラデルフィア精神が国家間の協力を呼びかけて、「社会的進歩を推進し、いっそう大きな自由の中で生活水準を向上させ」（国連憲章）、「すべての人民の健康、教育および福祉の増進」（フィラデルフィア宣言）を保証しようとしたのに対して、新保守主義者たちはむしろ、自分たちの世界観を共有しない国々と対決し、労働者のみならず〈法権利〉や文化を互いに競合させる政策を選んだ。ここでの理念はデヴィッド・リカードを引き継ぐもので、各国に自らの「比較上の利点」と想定されるものを最大限に活用するよう促し、市場の自由な作用に対する「規制という障害」を取り除こうとするものだ。

諸々の国際的な経済・金融機関により条文化されている、こうした経済原理主義の主たるドグマ（市場の無謬性、競争の全面化の効用、公共サービスの民営化、労働の規制緩和、資本および商品の自由な流通）は、わずか数年で一種の公式宗教と化した。この崇拝を礼賛する説教師の一団が、大手メディアに見出す、自らの信仰を拡散するための手段は、かつての教会の説教壇よりも押しが強い。不信仰者や異端者は数を増やしているものの、その戒律は右派や左派の政府により遵守されている。

「社会的ヨーロッパ」のお化けたち

アメリカおよびイギリスでの政治的な成功、そして国際的な経済機関による実現にもかかわらず、この教条は、現実の共産主義が破綻するまでは、西ヨーロッパで戦後に構築された諸々の社会的な制度には、公共サービスであれ社会保障であれ、さらには賃金制度に対してであれ、大きな影響をもたらすことはなかった。むしろ逆に、他の地域関税同盟と比べての欧州共同体のトレードマークは、商品や資本の自由な流通だけにとどまることなく、人の自由な移動が「労働者の生活・労働条件の改善とその発展的な平等化」（ローマ条約〔一九五七年〕、一一七条）と歩みをともにするような、「社会的ヨーロッパ」の実現を目標に据えていた点だった。このような「社会的ヨーロッパ」の構築は、英国からの政治的妨害に絶えずさらされながらも、欧州共同体が旧共産国にまで拡大されるまでは、全加盟国の共通目標だった。こうして共同体の社会法が日の目を見て、最低賃金制度が制定され、それを補足したり改善したりするのは各国の自由とされた。この社会法により国家間や企業間の競争は社会的取締の規制下に置かれ、イギリスのみが一部を免除された。この「欧州の社会モデル」が脆弱で不完全なものであったにしても、そのおかげで欧州共同体は二〇世紀末までフィラデルフィア精神に忠実であり続けていたが、共産諸国がもともとこの精神を締め出していたのに続いて、英米もそれと決別することを選んだ。

旧共産国の加盟は、諸国民の連帯という欧州連合の基盤を確実なものとし、社会モデルを再活性化させるための、歴史的な契機を提供してくれていた。ヨーロッパは「富める」国と「貧しい」国との連帯の実物大の実験室に、すなわち生活・労働条件の「発展的平等化」の国際的な社会モデルになることができたはずなのである（欧州〔共同体設立〕条約、一三六条）。そのためにはこの加盟を単なる拡大ではなく、ヨーロッパの再統合として構想する必要があった。

真の再統合のためには、これらの国々の固有の経験を念頭に置いて、同じ歴史や同じ政治文化、同じレベルの物質的豊かさを分かち合っていない国家間の共同体で、社会正義の原則を実現するにはどうすべきか、新たに考え直す必要があったはずだ。西側が東側のための「マーシャル・プラン」への多大な出費を受け入れ、そのかわりに東側が支援国と競合するための社会的・金融的ダンピングには走らないことを受け入れる、ヨーロッパの再建協定が結ばれるのは、その帰結である。

　ソビエト帝国の崩壊が西側諸国によって、自らのモデルの最終的勝利として、またそのモデルの絶対的優越性の歴史的証拠として解釈されたので、実際には拡大という道が選ばれてしまった。つまり西側で効力を持つ規則に東側が単に追随するという道である。ドイツ連邦共和国〔西ドイツ〕が犯した失敗――東側の州（Länder）を組み入れるだけで、ともに新たな憲法を作り直すことはしなかった――を大規模に繰り返しながら、西ヨーロッパは、歴史も政治・法文化も富も、あらゆる点で自らのものとは異なる国々に、特別なプロセスを経ずして、「共同体の知見」を移植できると考えたのだ。こうして「市場経済」や「労使間対話」が、企業も組合もない国に押しつけられ、数十年のソビエト帝国への従属で疑心暗鬼となっているナショナリズム国家の中でも、ブリュッセルは自分が力を振るうことができると高をくくったのである。ヨーロッパの再統合によって、加盟国間の実際の不平等を勘案し、市民の生活・労働条件の「発展的平等化」を目標に据えた、新たな社会契約が結ばれるべきところ、むしろ拡大によって、すでに弱体化していた欧州の社会モデルの政治的な土台が切り崩されたのだ。

共産主義市場経済

現実の共産主義を学校にして育ち、〈市場〉の恩恵に鞍替えしたばかりの新加盟国の指導層は、フィラデルフィア精神にも、〈法権利〉の尊重にも、参加型民主主義という理想にも、ほとんど無頓着だった。そのかわり彼らがウルトラリベラルな信条には苦もなく賛同することができたのは、そこに自分たちのかつての確信の多くを見出すことができたからだ。経済に内在する法則を無知な大衆に従わせる啓蒙的アヴァンギャルドを自らが構成するのだという思い込みや、こうした法則に実定法をすり合わせる必要性などである。プロレタリア独裁と市場独裁を取り替えるのは容易であり、適法性についての理念に変更を加える必要もなかった。ソビエトの法学者たちの定義によれば、社会主義的適法性とは「プロレタリア独裁と社会主義の構築を効果的に行うための方法であり［…］、それは常に社会主義国家の行動のための手段であって、国家の歴史的任務の実現の障害となることがあってはならない」[11]。ソビエト・システムは、欧州共同体のはるか以前から、政治や立憲「体制」ではなく、共産主義の「構築」という用語で自己を定義してきた[12]。この構築のためならば、より高位の適法性の名のもとに、自らの法律からいつでも自由になることができる。それは「社会主義社会における共通の生の規則」[13]という適法性であり、権力のみがそれを知悉し、いつでも権力が内容を修正したり、不遵守を罰したりすることができる。この表現を「グローバル化した社会における市場経済の法則」に置き換えてみれば、元共産主義者たちがネオリベラル主義者たちの主張にたやすく転向できたのも理解できるし、彼らの融合的な婚姻がもたらす規範的な影響を実感することもできるだろう。

〈市場〉に転向した共産主義者らは、単にウルトラリベラル革命に賛同しただけでなく、そこに自分たちの刻印も残したのだ。リベラルな伝統が一九四八年の世界人権宣言にいわれる法の支配の必要性を疑問に付したことは、これまでに一度もなかった。つまり近代では国家という形象によって体現されている、個別の利益を超越し、諸個人の権利を保証する、〈第三項〉の審級の必要性である。ところがこの形而上学的な〈存在〉は、国家が支配階級の道具でしかないと考えるマルクス主義の信仰教育によって、常に告発されてきた。したがってこのような道具は資本主義の地では撲滅されねばならず、共産主義の地ではプロレタリア独裁に役立たねばならなかった。市場の独裁を実施するのに好都合なのは、法治国家という概念よりも、このような発想である。資本主義と共産主義という、世界の西洋化の二大事業の統合という歴史的プロセスを、この発想が牛耳ったのはこのためだ。このプロセスは国家の消滅を意味するものではまったくなく、国家の民営化、ジェームス・ガルブレイスが言うところの「コーポレート・リパブリック」、翻訳するとすればビジネス共和国への変容を意味する。[14] この変容の典型が、二〇〇七年のフランス大統領選挙において発生した大きな政治的変化である。四〇年のあいだＥＮＡ〔国立行政学院〕出身者〔何はともあれ国家に仕えるものとしての教育を受けた〕で占められていた政府にかわり、ビジネス弁護士〔財政的利害の保護のための教育を受けた〕で占められた政府が誕生したのだ。金融市場の崩壊以来、破産した銀行家を救うために公的資金を見境なく投入するようになったことは、このような国家の民営化をさらに一歩進めることになりはせよ、一般利益の保証人たる〈第三項〉を復活させることには少しもならなかったのだ。

このようにヨーロッパの拡大は、一二カ国のヨーロッパ〔マーストリヒト社会協定に批准した一二カ国〕にとってかけがえのない「社会的市場経済」を東側に広げるのではなく、〔それに常に反対していた〕ウルトラリベラルたちと元共産主義の指導者たちとの接合を可能にしたのである。こうした指導者たちはウルトラリベラルな「現実主義」にたやすく馴染むことができたし、その「現実主義」にしても、「経済法則」の普遍的な有効性に対する信頼や、政治的討議にこの法則の邪魔をさせないという決意は、科学的社会主義と変わらなかった。こうして欧州連合は、ハイエクが願ってやまなかった「限定的民主主義」の十全たるモデルとなったのだ。共同体規模の投票が実質的に存在しないために、国民投票が反意を示しても握りつぶされてしまう。欧州連合諸国の指導者たちは、デンマークの有権者たちによるマーストリヒト条約の拒否、アイルランドによるニース条約の拒否、フランス・オランダ・アイルランドの有権者たちによる欧州憲法条約の拒否を、いずれも乗り越えることができた。投票結果が重要となるのは、投票を組織した指導者たちの期待にかなうときだけだという慣例が形成されてしまった。言うまでもなくこうした慣行は、ヨーロッパの有権者たちを投票から遠ざけ、ヨーロッパが他の世界に惜しみなく施してきた民主主義の教えの信用を失墜させることにしかならない。自由選挙の勝者が、「国際共同体」から当選を望まれた者でないない場合には失格とされることになれば、なおさらである。

このように欧州の社会モデルの基盤は広がるどころか、むしろフィラデルフィア精神の転覆が促進されることになったのだが、それは社会的な面ばかりでなく外交面や軍事面にも及んで、「新たなヨーロッパ」は、住民の反対にもかかわらず、アメリカやイギリスの側について、国際法や人権を侵害する「対テロ戦争」にコミットし始めたのだ。

中華人民共和国憲法が「共産主義市場経済」[15]と呼ぶものの世界規模での出現に、ヨーロッパもまた手を貸すことになった。資本主義と共産主義が共有していたもの（経済主義と抽象的な普遍主義）を土台にしたこのハイブリッドなシステムは、万人の万人に対する競争、資本と商品の自由な流通、個人の効用最大化をウルトラリベラリズムから、「限定的民主主義」、〈法権利〉の道具化（すなわち「法の支配（rule of law）」に代わる「法を用いた支配（rule by law）」）、数量化という強迫観念、指導者と被指導者の命運の完全なる切断を共産主義から、それぞれ借り受けている。これによりあらゆる国の指導階級は巨万の富を築く手段を得るとともに（共産主義では許されなかったことだ）、中産階級や庶民階級の命運から完全に手を切るに至った（福祉国家の政治的・社会的民主主義では許されなかったことだ）。公共財の私有化により突如として富を集めた、新たな寡頭制は、国民連帯システムへの出資を免れるために、市場の自由化を利用しているのだ。

このような「エリートたちの分離」（クリストファー・ラッシュの巧みな表現による）を率いているのは、新種の指導者たち（ビジネスに転じた官僚や元共産主義者や毛沢東主義の活動家）であり、彼らはもはや伝統的な資本主義の企業家とは大して関係がない。マルクス主義＝レーニン主義あるいは毛沢東主義の教育を受けたこの新たな指導者たちの多くは、西側でも東側でも、経済の規制緩和と公共財の私有化という主張を積極的に取り入れて、自らがその第一の組織者かつ受益者となったのだ。中国やロシアそれに東欧や中央アジアの旧共産国において、このようなイデオロギー上の親子関係は明白である。だがそれは西側諸国においても明白なのである。筆頭に挙げられるのは欧州委員会であるが[16]、フランスにおいても同様に、新保守主義的な説教師たちの大半は極左の元活動家で、寡頭制の顔役は公企業の私有化と、そうした企業の指導者の報酬の天文学的な増大のおかげで繁栄を謳歌することができたのである。

注

1 以下を参照。Harold Berman, *Law and Revolution*, Harvard University Press, t. I, 1983, and t. II, 2003〔ハロルド・バーマン『法と革命』I、II、宮島直機訳、中央大学出版部、二〇一〇—二〇一一年〕.

2 Denis Kessler, « Adieu 1945, raccrochons notre pays au monde ! », *Challenges*, 4 octobre 2007. かつての共産党のシンパで、経済学教授を経て、一九九八年から二〇〇二年までMedef〔フランス企業運動。日本の経団連にも比される経営者組織〕の執行副会長だったケスレール氏は、今日では数多くの大企業（BNPパリバ、デクシア、ボロレ、ダッソー航空機、インベスコ）の経営者であり、様々な公的高等機関（経済社会評議会、国民所得勘定委員会、全国保険評議会）のメンバーである。

3 以下を参照。F.A. Hayek, *Droit, législation et liberté. Une nouvelle formulation des*

principes de justice et d'économie politique, vol. 2: *Le Mirage de la justice sociale*［1976］, trad. de l'anglais par R. Audouin, PUF, 1981, p. 123 *sq*〔F・A・ハイエク『法と立法と自由II　社会正義の幻想』、篠塚慎吾訳、春秋社、二〇〇八年、一四三頁〕.

4　一九四八年の世界人権宣言について彼が言うには、「文書全体が組織的メンタリティに特有の隠語《ジャーゴン》で書かれており、労働組合の代表や国際労働機関の宣言にも見出だせそうな隠語である［…］。〈大きな社会〉の秩序の拠り所になるような原則と、このような隠語が共鳴するところは何一つない」（*Le Mirage de la justice sociale*, op. cit., p. 126〔『社会正義の幻想』、前掲書、一四五頁〕。

5　Friedrich A. Hayek, *Droit, législation et liberté. Une nouvelle formulation des principes de justice et d'économie politique*, vol. 3: *L'Ordre politique d'un peuple libre*, PUF, 1983, p. 166 et 180〔F・A・ハイエク『法と立法と自由III　自由人の政治的秩序』、渡部茂訳、春秋社、二〇〇八年、二〇六頁〕.

6　*Ibid.*, p. 197–198〔前掲書、二二六頁〕.

7　*Ibid.*, p. 181 et *passim* chap. XVIII: « Le pouvoir contenu et la politique détrôné », p. 153 *sq*〔前掲書、第一八章「権力の抑制と政治の退位」、一七五頁以下〕.

8　本物のノーベル賞のよくできた模造品である、一九六九年のアルフレッド・ノーベル記念スウェーデン銀行経済学賞創設の歴史については以下を参照。Partick Moynot, « Noble d'économie: coup de maître », *Le Monde*, 15 octobre 2008.

9　以下を参照。Susan George, *La Pensée enchaînée*, Fayard, 2007, p. 30〔スーザン・ジョ

ージ『アメリカは、キリスト教原理主義・新保守主義に、いかに乗っ取られたのか？』、森田成也、大屋定晴、中村好孝訳、作品社、二〇〇八年、三三頁）.

10　金融市場の規制緩和の大半はベレゴヴォワ内閣の成果であり、英米的企業モデルの導入はジョスパン内閣とこの内閣の経済相ドミニク・ストロス＝カーンの成果である（ストックオプションの非課税、企業による自社株買いの認可、等々）。

11　S. A. Golunsky, M. S. Strogovitch, *Theory of State and Law*, Moscow, 1940. 以下の引用より。Pierre Lavigne, « La légalité socialiste et le développement de la préoccupation juridique en Union soviétique », *Revue d'Etudes comparatives Est-Ouest*, vol. 11, 1980, n° 3, p. 11.

12　Tamara Kondratieva, *Gouverner et nourrir. Du pouvoir en Russie*, Les Belles Lettres, 2002.

13　一九三六年のソビエト連邦憲法一三〇条の言葉で言えば、「ソビエト社会主義連邦共和国の市民は、ソビエト連邦憲法およびソビエトの法を遵守し、社会主義社会の生の規則を尊重し、ソビエト連邦市民という高き身分に相応しいふるまいをすることを義務づけられている」。

14　以下を参照。James K. Galbraith, *The Predator State*, Free Press, 2008, trad. fr. par Françoise et Paul Chemla, *L'Etat prédateur*, Seuil, 2009.

15　（中華人民共和国憲法一五条に登場する）この表現の文字通りの訳は「社会主義市場経済」である。フランスの政治の舞台での「社会主義」の語が持つ意味合いから、混合経済（一時期社会党の綱領に使われていた）との混同の恐れがあるため、「共産主義市場経済」と訳すほうが望ましいように思われる。

16　現委員長〔フランスにおける本書刊行当時〕のジョゼ・マヌエル・ドゥラン・バローゾは、プロレタリアート党再編運動のメンバーとしてキャリアを開始した後に、アメリカの新保守主義者とヨーロッパの旧共産国との盟約の仕立て人の一人となった。

第二章　福祉国家の民営化

　社会正義という理念は法哲学と同じくらい古い。アリストテレス自身も「比例的な応報」が、配分的正義や矯正的正義と並んで、都市国家《ポリス》の生活に欠かせない第三の正義の形態であると見ていた。「応報とは平等の原則に基づくのではなく比例に基づくものである。〔…〕受け取ったものに比例して返すことでこそ、都市国家は維持されるのである」[1]。同様の考えを一七世紀初頭に記したのは、騒乱や暴動の原因を問うたフランシス・ベーコンである。「政府はすべてのお金が少数の人の手中のみに貯まるのを避けるための対策を取るべきである〔…〕。お金は堆肥と同じで、注意深く行き渡らせなければ実りをもたらさないのである」[2]。フィラデルフィア宣言もこれと同じことを言わんとして、第二次大戦の経験に照らしつつ、「永続する平和は社会正義を基礎としてのみ確立できる」と、また「一部の貧困は、全体の繁栄にとって危険である」と主張したのである。この宣言の独自の寄与とは、社会正義が普遍的な使命を持つものであると定義づけたこと、そしてそれを実現することがすべての国の経済政策を結びつける「根本目標」であるとしたことである。

こうして拓かれたのは、「市場がすべて」の破壊的効果からも、「国家がすべて」の自由根絶的効果からも、同じように距離を置くのに適した道である。フィラデルフィア宣言が行ったのはニューディール政策の一般化であり、資本主義の破壊を推進しようとするものではまったくない。むしろ逆に目指されているのは、世代を超えて長期に機能するための規範的枠組みの中に市場を組み込むことによって、資本主義の永続性を保証することである。人間存在を肉も歴史も持たない単子のようにみなす、契約という普通法に対して、社会法は、系譜的な連なりに加わることや、身体的な不調、あるいは人間存在を結びつけたり対立させたりする連帯の絆を、諸々の交換がなされる舞台に再登場させたのだ。

ウルトラリベラリズムの思想家たちによって「幻想」であるとの告発を受け[3]、社会正義の原則は、共産主義体制が市場経済に転向するのをいいことに、グローバル化のスケジュール帳から削除されてしまった。だがあらゆる反革命がそうであるように、この転向も歴史を消し去ることはできなかった。破壊を望まれたもの（西側における福祉国家、東側における現実共産主義）が包摂されることで、社会国家は消滅するかわりに民営化されたのだ。

国境を無視した金融・技術・経済空間の構築と対をなすのは、同じ権利を所持し、同意した義務以外は持たない諸個人がひしめく、フラットな世界というユートピアだ。[4] 二〇世紀の全体主義的なユートピアとは異なり、このユートピアは諸個人の権利の消滅を目指しているわけではまったくなく、むしろその自給自足をモットーとして掲げている。各人の権利の定義は、それらの権利を超越する正義の原則に依拠する必要はなく、それらの差異や対立の作用からのみ引き出されるというのだ。個人に外部の規則を課することは例外なく悪とみなされ、すっかり取り除いてしまうことができないのなら、できるだけ小さくすることが望ましいとされる。

つまりこれは〈法権利〉の衰退プログラムではなく、語のポストモダン的な意味での、脱構築プログラムなのである。そもそも脱構築という概念の父ジャック・デリダ自身が、正義の理念は個人の欲望の表現にほかならないという考え方を支持していた。「交換なき、計算なき、ルールなき、理由なき贈与の欲望」。さらに彼はこう続ける。「脱構築はこのような正義に熱狂している。この正義の欲望にである。この正義は法権利ではなく、法権利や法権利の歴史、あるいは歴史そのもののうちに作用している動きそれ自体である」[5]。各人の主体性のみに準拠し、〈法権利〉の脱構築に努めるこのような正義の定義（確かに狂っている）は、ウルトラリベラルたちによる社会正義に対する冷遇の哲学的な対応物であり、彼らウルトラリベラルたちは社会正義を感傷的な熱望とみなし、その名に値するような〈法権利〉を創設するにはふさわしくないと考えている。ここで明らかになっているのは、ポストモダン哲学とウルトラリベラリズムとの深い結びつきである。両者はシニフィアン――片や言語学的な、片や通貨的な――に対する同じフェティシズムを共有しているのだ。[6]

「〈法権利〉を諸々の主観的な権利に解消すること」[7]によって、同じ権利で身を固めた諸個人の相互調整が解禁となる。契約し計算する単子の状態に還元された人間存在が従うべきなのは、次のような二種類の規則だけであろう。つまり科学的な基盤を持つ規則と、自分で自由に決められる規則だ。武器を配給するかのように、全員に同じ個人の権利が配られ、同意された義務以外は存在しない、すべてが契約的な社会の到来が待ち望まれる。強者の意向に弱者が同意することに対しては徹底的に疑うところから、あらゆる社会法は築き上げられているのに対して、社会法の脱構築とともに、この同意だけが法的義務の必要十分条件とされてしまうのだ。

このような脱構築によって、社会法からは市民を団結させる能力が失われる。住居に関する法権利〔国や自治体が住居を整備するための法権利〕は形骸化したが、「住居に対する個人の不服申立て可能権」[8]が現れた。不安定な労働者からは解雇手当が奪われたが、大企業の雇われ経営陣には巨額の「ゴールデンパラシュート」があてがわれた。社会保障や公共サービスの財源のために徴収を義務づけることは激しく抵抗されるのに、知的所有権に使用料を払う場合には世界的な義務になる。[9] 日曜日を休息日とするルールは、改革に次ぐ改革により骨抜きにされ、普通の社会生活・家庭生活を保証する規範的枠組みも破壊されたが、子供との時間を奪われた親たちの欠落を補うためだとして親権者責任引受契約が制定された。[10] 給与の規定は粉々になり、労働市場には目がくらむほどの不平等がもたらされているが、労働法典の禁じる差別の一覧表を長大化するために、平等原則が毎年のように引き合いに出されている。一九八五年から二〇〇六年にかけてこの差別一覧表に追記がなされたのは一一回、つまり二年に一回である。同じ期間に臨時雇いや有期契約の賃金労働者の割合は四倍になった。人間の質的な差異の解消は、所得のレベルや保障に基づいた質的な差異、要するにお金に基づいた差異の合法化を、必然的に伴っているのだ。

このように福祉国家の民営化は、社会法を消滅させるのではなく、一番それを必要としていない者にその恩恵を集中させるのである。マタイによる福音書の有名な一節（「持てる者はさらに与えられて有り余るが、持たざる者は、持っているものまでも取り上げられる」）を引き合いに出しながら、弱者の命運の改善を目指した仕組みの恩恵を真っ先に受ける強者の能力が、「マタイ効果」であると語る専門家がいる。[11] たとえばフランスの学校は平均して庶民層よりも富裕層出身の子供に多くのお金をかけている。あるいは労働者や被雇用者は幹部たちよりも長い期間保険料を支払っているのに、平均寿命が短いので年金生活は短い、等々。マタイ効果は決して新しいものではないが、近年まではそれは給付の観点からしか問題にならなかった。つまり富裕者は貧者よりも公的・社会的支出の恩恵を受けてはいたが、給与が上がるにつれて相応の税金や社会保険料を支払ってもいたのである。共産主義市場経済の新しさとは、収入に比例した拠出を行うことなく、連帯メカニズムの恩恵を十全に得ることを可能にする寡頭制の出現にこそある。連帯に基づく制度は消滅するどころか、ウルトラリベラルな改革によってそれを食いものにすることが容易になったのだ。

このように食いものにすることが容易になったのは、金融法制と社会法制が競合させられて、どの国も裕福な者たちからの強制徴収金を下げようと躍起になっているからだ。彼らは強制徴収金がもっとも少ない、あるいは存在しない場所で収入を得て、公共サービスや社会保障が一番充実している場所でその恩恵を受けることができる。一五年ほど前から欧州共同体司法裁判所は、原則として直接税について権限を持たないにもかかわらず、欧州連合条約の保証する経済的自由を自らの基本とすることで、加盟国がこうした税金逃れ戦略に立ち向かうことをできなくしている[12]。こうして各国は高所得に対する課税を軽減し、受け取った分に比例して国に返す義務を、高所得者から免除するように促されている。数ある現れのひとつにすぎないとはいえ、フランスで二〇〇七年に採択された「税の盾〔納税額上限制度〕」は、公的負担に対する貢献の比例的平等が破られたことの象徴となった[13]。これによりもっとも富める者たちは強制徴収金の増加のリスクから守られ、かわりにこの増加は、貧困層と中間層だけに重くのしかかる。同時に、持てる者たちを守り、この金融寡頭たちの収入を支えるために投入される公金は増大し、とりわけ公債が膨れ上がる。金融市場の破綻はこの動きに歯止めをかけるどころか、さらなる後押しを加えた。銀行や保険会社を救済するために大量の公金が注ぎ込まれたのに、これらの企業が国有化されずにいることは、「国家の回帰」を意味するものではまったくなく、むしろ国家を食い物にする巨人の歩みをまた一歩進めるものであったが、これは公共サービスや社会保障、労働法に関係する分野で、ずいぶん前からすでに進行していた事態である。

社会国家の諸制度の民営化がもっともあからさまなのは、公共サービス関連である。電気やガス、郵便や高速道路、鉄道など、国民全体が同じように分かち持っている必要に応えた商品やサービスで、その管理や維持に市場の時間とは異なる長い時間のかかるものが、戦後に市場から保護されたのには相応の理由があった。フランスはこの分野に最適化した法的構造が備わっており、私法と公法のハイブリッドであるこの構造には、経済効率と社会正義とを組み合わせる能力があることは折り紙つきであった。英米におけるこうしたサービスの民営化の惨憺たる結果を受けて、こうした構造は民営化されるよりもむしろ、さらなる発展を促されるべきだったのである。こうした方面での頑なさは、ウルトラリベラルな信条の力や欧州委員会の圧力だけでは説明がつかない。決まった顧客を事実上独占する堅実な企業の執行部や株主にとって、こうした民営化は莫大な利益を得るチャンスであることのほうが、説明としてはふさわしいのである。

公共サービスが食い物にされることには、公務員の集団的退廃という、もうひとつの側面がある。中央集権国家にぶら下がったフランスのような社会においては、社会を治める官僚の美徳こそが、正義感の拠り所である[14]。官僚たちの忠誠と一般利益に対する感覚は照り輝いて国家の歯車のすみずみまで行き渡り、もっとも卑俗な下僕のもとにまで達するとされる。公的任務に結びついた諸義務（それを中世人たちはofficium〔務め〕と呼んだ）が、有資格者に認められた特権（beneficium）を正当化する。こうした公共サービスの精神は、指導層が商業部門の諸価値に寝返ったこと（近年ではニュー・パブリック・マネージメントの名で理論化されている）や、任務を負うことなく恩恵だけは維持できる天下りの慣行によって損なわれてしまった。指導層はもはや美徳の体現者ではなく、むしろ冷笑と強欲の体現者となり、あらゆる特権をかき集める者が、季節の厳しさにさらされる者たちに、白々しく禁欲を説いている。指導層の利己主義は伝染性である。各人は「個人の利益を最大化」

し、特権もしくはおこぼれにしがみつき、任務に身を捧げるよりは「天下り」することに専心している。国家を経由せずにいることは不可能であるというのは、それ以上国家に信頼を置くのも不可能だということでしかなくなる。公務員職や公共サービスとは様々な観点から見てフランスのような国にとっての屋台骨であるのに、今日では石灰化と風化という二重の脅威にさらされている。石灰化とは公共サービスよりも既得権益を守ることのほうが心配な現状維持派によるものである。そして風化とは国家の民営化ないし商業部門型企業モデルへの追随の提唱者（しばしば利害関係者である）によるものである。

社会保障のこととなると、社会国家分断の財政的な賭金は跳ね上がる。年金制度は、福祉国家の遺産である諸制度を金融寡頭が籠絡するための政策にとっての、特権的な獲物だった。この制度に積立方式を採用した国では、株式カジノに資金が流れ込む一方で、出資している労働者たちは、将来微々たる年金しか手にできないというリスクにさらされていることが、今日では明るみになっている。賦課方式が維持されていた場所では、貧しい労働者たちこそが、改革による主な負け組であり、大企業の雇われ経営陣たちの頭上には、贅沢な「上乗せ年金（retraites chapeaux）」が積み重なっている。だが連帯メカニズムが食い物にされるのは一般的な傾向であり、社会保障の全分野で露見している。目下の医療保険破綻の要因のひとつには、強制徴収金を自らの主たる収入源としながら、自分たちはどんな制約も受け入れようとしない、医療関係ロビーの政治的重みも数え上げるべきである。失業保険の支出の「アクティベーション」という名目で、その財源の一部が失業者から取り上げられ、企業へと横流しされている。金融システムの破綻のために尽力してきたロンドンのトレーダーたちは、失業すると、共同体の社会法が適用され、自分たちが一度も保険料を払ったことのないフランスの失業保険金庫から、社会保障上限額の四倍もの手当（すなわち二〇〇八年九月では月に六三六六・八〇ユーロ）を受け取ることができた。[15] 逆に、パートタイムでの不安定な仕事を渡り歩く貧しい女性労働者は、失業手当の権利を得るために十分な保険料納付期間を証明することが難しく、近年の老齢保険改革により、最低限度の年金を受け取る可能性をも失った。

このような崩壊にもかかわらず、社会保障は全体としては福祉国家解体プログラムに一番よく耐えた制度である。個人の自由や過剰な財政負担の名のもとになされる激しい攻撃にさらされてもなお、連帯のシステムは、少なくとも「古いヨーロッパ」においては、特筆すべき堅牢さを立証してみせていた。したがって社会保障に対してウルトラリベラル政治の三〇年が及ぼした影響の収支決算は、どんなリスクに対する保障か、どの国の話なのかに応じて、注意深く区別されるべきである。フランスのような国では、労使と国は、しばしば苦しみながらも、老齢保険と失業保険の永続性を救うのに適した改革を採用するに至っている。これに対して医療保険が金融破綻に巻き込まれているのは、選挙対策にではなく一般利益に結びついた改革を、国が採用できなかったことが大きい。

今日においてマタイ効果がもっとも明白に表れているのは労働法である。市場の要請への適応という名のもとになされる改革は、福祉国家の「成果」を無に帰すものであるどころか、もっとも必要なところへの保護が削減や廃止される一方で、高所得者層に対しては手厚くなり続けているのだ。大企業の経営陣は労働法に由来するメカニズムの多く（解約手当、付加年金、従業員の自社株保有）を利用して、自らには多額の報酬を与え、自社を破滅に導こうがおかまいなしである。その対極では、国家、企業、金融の間での役割の逆転がもっとも明白に進行しているのが雇用法である。コルベール主義（国家介入主義）の伝統においては、国家が経済政策の大筋を定め、大企業がそれを実行に移し、金融がそれを支援すべきであったが、今日では金融目標が企業の行動を左右し、それに伴う人的犠牲のコストは、雇用政策への支出という直接的な形や、貧困・暴力・治安の悪化への直面という間接的な形で、国家が引き受けているのである。

公的な就業支援制度の対象者の法的な呼び名は「受益者」であり、従事している職業名では呼ばれない。フルタイム労働の最低賃金を上回ることはめったにないという、ささやかな「受益」である（二〇〇九年七月一日時点では額面で月額一三三七・七〇ユーロ、手取りにしておよそ一〇五〇ユーロ）。逆に今日では労働ではなく、株主への――こちらは確かに実体のある――利益を指して、「価値創造」が語られている。労働に見出されるのが富の原因ではなく効果であるというのは、率直に言って仰天すべきことである。この幻想は今日に始まったものではなく、ランの司教アダルベロンは紀元一〇〇〇年ごろにフランス王に対して、すでに次のような進言をしていた。「主人は農奴により養われているのに、農奴を養っているつもりでいる。そして農奴が自らの涙と嘆息の終わりを見届けることはない[16]」。

注

1　Aristote, *Ethique à Nicomaque*, V, 8〔『アリストテレス全集15　ニコマコス倫理学』、神崎繁訳、岩波書店、二〇一四年、一九九頁〕. 以下の引用と注釈より。Clarisse Herrenschmidt, *Les Trois Ecritures. Langue, nombre, code*, Gallimard, 2007, p. 293 *sq*.

2　Francis Bacon, *Essais de morale et de politique* (1625), L'Arche, 1999, p. 67〔フランシス・ベーコン『随筆集』、成田成寿訳、中公クラシックス、二〇一四年、九八頁〕.

3　Friedrich A. Hayek, *Le Mirage de la justice sociale, op. cit*〔F・A・ハイエク『法と立法と自由II　社会正義の幻想』、前掲書〕.

4　Thomas Friedman, *The World is Flat*, Penguin Books, 2005, trad. fr. *La Terre est Plate*, Saint-Simon, 2006〔トーマス・フリードマン『フラット化する世界　経済の大転換と人間の未来』、伏見威蕃訳、日本経済新聞社、二〇一〇年〕.

5　Jacques Derrida, *Force de loi. Le « Fondement mythique de l'autorité »*, Galilée, 1994–2005, p. 56〔ジャック・デリダ『法の力』、堅田研一訳、法政大学出版局、一九九九年、六三―六四頁〕.

6　このようなポストモダニズムの批判については以下を参照。Augustin Berque, *Ecoumène. Introduction à l'étude des milieux humains*, Belin, 2000, p. 26 *sq*〔オギュスタン・ベルク『風土学序説　文化をふたたび自然に、自然をふたたび文化に』、中山元訳、筑摩書房、二〇〇二年、四四頁以下〕. また以下のマルクス主義的観点も参照のこと。Nkolo Foé, *Le Post-modernisme et le nouvel esprit du capitalisme. Sur une philosophie globale d'empire*, Codesria, 2008.

7　Jean Carbonnier, *Droit et passion du droit sous Ve République*, Flammarion, 1996, p. 121 sq.

8　以下を参照。Conseil d'Etat, *Rapport public 2009. Droit au logement, droit du logement*, La Documentation française, 2009.

9　世界貿易機関を設立したマラケシュ協定に付加された、知的所有権の貿易関連の側面に関する協定（ＴＲＩＰＳ）を参照のこと。

10　Code de l'action sociale et des familles, art. L. 222-4-1（二〇〇六年三月三一日法）.

11　*Matthieu*, XXV, 29〔「マタイ福音書」『福音書』、塚本虎二訳、岩波文庫、一九六三年、一五二頁〕. この効果は研究予算についてロバート・マートン（Robert Merton）が最初に明らかにしたものである。« The Mathew Effect in *Science* », Science, vol. 159, 1968, p. 56 *sq*. 社会問題に関するこの効果の妥当性については以下を参照。Hermann Deleeck, « L'effet Matthieu », *Droit social*, 1979, p. 375; Jacques Bichot, « L'effet Matthieu revisité », *Droit social*, 2002, p. 575.

12　同裁判所によるとりわけ以下の判決を参照。*Bachmann*（一九九二年一月二八日。C-204/90), *Schumacker*（一九九五年二月一四日。C-279/93), *de Lasteyrie du Saillant*（二〇〇四年三月一一日。C-9/02), *Laboratoires Fournier*（二〇〇五年三月一〇日。C-39/04), *Manninen*（二〇〇四年九月七日。C-319/02). より最近の判決はこのような国家税制武装解除政策に歯止めをかけているようである（以下の判例を参照。*Krankenheim Ruhesitz am Wannsee-Seniorenheimstatt*, C-157/07. 二〇〇八年一〇月二三日。以下に収録されている。*Droit fiscal*, 2008, no 50, p. 616, comm. J.-Chr. Garcia)。

13　これは高所得の納税者への課税率を制限する制度である。二〇〇六年には収入の六〇％に定められたこの率は、二〇〇七年八月二一日の「労働・雇用・購買力（ＴＥＰＡ）」法により申告収入の五〇％に引き下げられた。この法律が二〇〇八年に施行されると、その恩恵を受けることになった、一五五〇万ユーロ以上の資産を持つ八三四人には、平均で一人あたり三六万八二六一ユーロが国からもたらされた。

14　アナロジーに戯れるとすれば、我らが「エリート」たちの偉大さと退廃の特徴は、アンシャン・レジームの貴族よりも、〔中国の〕神々の官僚制のほうが似通っている（以下を参照のこと。Jacques Gernet, *L'Intelligence de la Chine. Le social et le mental*, Gallimard, 1994, spéc. p. 31 sq.; Jacques Gernet, « Organisation, principes et pratiques de l'administration chinoise［11e–19e s.］», in *Servir l'État*, EHESS, 1987, p. 11 sq.; Étienne Balazs, *La Bureaucratie céleste*, Gallimard, 1968〔E・バラーシュ『中国文明と官僚制』、村松祐次訳、みすず書房、一九七一年〕）。

15 *Le Point*, 19 septembre 2008.

16 敬虔王ロベールへの手紙（一〇二〇年ごろ）。以下の引用より。Jacques Le Goff, *La Civilisation de l'Occident médiéval*, Arthaud, 1964, p. 319–320〔ジャック・ル・ゴフ『中世西欧文明』、桐村泰次訳、論創社、二〇〇七年、四〇五頁〕.

第三章　全体的市場

経済生活を調整する全般的な原則が市場であるとするためには、土地や労働や通貨が、もちろん商品ではないのに、あたかも商品であるかのようにしなければならない[1]。つまり市場経済は法的擬制《フィクション》の上に成り立っているということである。だが法的擬制とは小説のフィクションとは異なる。擬制が支持《サステイナブル》できる——フランス語の意味と英語の意味の両方において——ものとなるためには、それが人間的に生きうるものであることが条件である。自然資源を実際に保護する環境法がなければ、自然が商品であるかのようにすることも長続きはしないだろう。「人的資源」を実際に保護する社会法がなければ、労働市場の存続を保証することもできない。「労働は商品ではない」と主張し、「社会保障措置を拡張して、必要のあるすべての者に対する基本収入と、包括的な医療給付を与えること」を要求したフィラデルフィア宣言は、各国が労働法を整備し、賃金労働者とその家族の物質的・経済的安定を保証するのに適した社会保障を備えるよう促すものだった。つまり世代を超えて長期間に渡り労働市場が機能するために欠かせない法的支えを備えるよう促したということである。

国家レベルで設置されたこの支えは、グローバル化の文脈において徐々に解体されていった。金融市場についても同様であり、型通りの発想で推進された規制緩和の効果は、破壊的なものばかりが浮き彫りになりつつある。自由交換という規則は、こうした支えを手放すことにより、人や領土や製品の多様性という拠り所を失っている。労働や土地や通貨が、労働者や自然環境や実体経済から独立して存在するかのように続けることもしばらくは可能だが、こうしたフィクションが現実原則に追いつかれれば、否応なく崩壊することになる。〈市場〉崇拝者たちの素朴な信仰とは異なり、各国の国内法の解体は「〈市場〉の自発的秩序」の到来を約束するどころか、諸々の市場の制度的な基盤を掘り崩すだけである。唯一の〈市場経済〉が存在するわけではなく、異なるタイプの市場を制定する多様な法的仕組みがあるだけなのだ。交換される製品やサービスによって異なるだけではなく、歴史や法文化によっても違いは生じるのである。

目下進行中である市場の制度的基盤の崩壊プロセスをきちんと理解するためには、まったく異なる二種類の現象を区別する必要がある。この二つは今日では「グローバル化」ないし「世界化」というフェティッシュ語の旗印のもとで混同されてしまっている。人と人との間での記号の流通における物理的な距離の廃絶は、新たなデジタル技術に起因する構造的現象である。これに対して資本および商品の自由な流通は、経済情勢に左右された現象であり、可逆的な政策決定（通商障壁の解体）と、再生不可能な物理的資源の一時的な供給過剰（人為的に低い輸送費）に起因するものである。これらの異なる二つの現象が結びついて、人も記号も事物も同じ単位に還元した上でグローバル化した競争に動員可能、つまり法的な意味で「精算《リキデ》」可能であるとする、全体的市場というユートピアが生み出されるのである。[2]

この市場が全体的であるというのは、〔第一次〕大戦後にエルンスト・ユンガーがこの語に与えた意味においてである。ユンガーがこの語で示そうとしたのは、人材や技術、天然資源をくまなく動員することで成り立つ組織のあり方であり、それは「血なまぐさい消費のプロセスが市場の役割を果たす前線に、二四時間いつでもすべてを送り込む[3]」ための組織である。第一次大戦は、「人間の血を燃料にするタービン」にも似た戦争機械の単調な機能の動力たる燃料へと、人間を変えてしまう変化のきっかけとなった出来事である。戦後に採用された組織メソッドは、このモデルにぴったりと当てはまっており、あらゆる種類の存在や物を使用可能なエネルギーに変えることを目指すものだったが、それこそが今日まで続くマネージメント世界の誕生であり、それをユンガーは一九三二年にすでに次のように活写していた。

「われわれの状況の特徴をなすのは、記録という束縛がわれわれの行動を支配し、われわれに要請される最低限度のパフォーマンスという基準が、絶えず厳しさを深めているということである。この事実により、どんな領域においても、確実で議論の余地のない秩序によって生活が安定するということが完全に禁じられる。生活様式はむしろ、行き倒れにならないためにすべてのエネルギーを張り詰めておかなければならないような、死のレースという様相を呈するのだ[4]」。

経済的な競争が法秩序の最終目標になってしまったとすれば、それは生産と通商の増大それ自体が目的であるとするようなドグマへの加入の結果であり、しかもこの目的には、あらゆる国のあらゆる人々を全面的に競争させることでしか到達できない。世界貿易機関を制定したマラケシュ協定は、冒頭からこのようなドグマを開陳している。この協定前文の第一段落によれば、貿易分野における国同士の関係は、「生活水準を高め、完全雇用ならびに常に増大する高水準の実質所得と有効需要を実現し、物品とサービスの生産と貿易を拡大する方向に向けられる」べきである。フィラデルフィア宣言とのコントラストは一目瞭然である。数値化可能な経済指標（就業率、常に増大する高水準の［原文ママ］所得と需要）や「物品とサービスの生産と貿易の拡大」が、ここでは自己目的化しているのだ。経済や貿易に割り振られた諸目標のリストから人間の姿が消え、それとともに人間の自由や尊厳、経済的保証や精神生活への言及もすっかり消えてしまっているのである。

こうした目標の実現のための方法にもまた大きなコントラストがある。協定前文の第三段落によれば、「協定の締結が目指すのは、相互的かつ互恵的であることを前提に、関税その他の貿易障害を実質的に軽減し、国際貿易関係における差別待遇を廃止することである」。フィラデルフィア宣言は貿易の規則を、各国に割り当てられた社会正義の目標に照らし合わせてその有効性が評価されるべき手段とみなしていたのに対して、世界貿易機関の協定は目的と手段との間の主従関係をすべて消し去ってしまう。資本や商品の世界規模での自由な流通の一般化がもたらしうる効果を、生活水準や就業率あるいは所得に関する目標の観点から推し量る方法は、まったく想定されていない。貿易障壁の撤廃が自己目的として設定されているので、それが実際にもたらす作用を見積もる必要もないのだ。この新たなるドグマ学においては、競争こそが目的であり、人間とはこの目的に到達するための単なる手段である。「急激な経済変動の回避［および］一次的生産物の世界価格の一層大きな安定の確保」（フィラデルフィア宣言第四条）を目指した国際的行動の必要性には、もはや何の言及もされていない。人間だけでなく企業や国家の間でも、競争が全面的に行われるべきであり、それぞれが自らの「競争優位」[5]を培うべきであるのだ。

規範的ダーウィニズム

このような〈全体的市場〉において、〈法権利〉とは（宗教やアイデアや芸術と同じく）[6]世界規模で競合する商品であり、そこでは金融の収益という要請にもっとも適した法秩序の自然選択がなされるだろう。自由競争が〈法権利〉によって基礎づけられるのではなく、〈法権利〉が自由競争によって基礎づけられるというわけだ。このような規範的ダーウィニズムは、すでにハイエクによって理論化されていた。経済において「合理的行為者」を信用していなかった彼が頼りにしたのは、規範システムの自然選択であり、それは法権利や文化を国際規模で競争させることによってなされる。ハイエクによれば社会ダーウィニズムの信奉者たちは先天的な最適者の選択にばかり注目する点で間違っていたのであり、そのような工程は考慮に入れるに値しないほど緩やかであるのに、「規則や実践の選択による——より重要な——進化には目が向けられてこなかった」[7]。

経済的交換の領域においては、自由交換に関係する諸々の自由（開業の自由、労務提供の自由、資本および商品の流通の自由）が引き合いに出され、投資家や起業家が自分たちの活動する国の法を免れて、より自分たちに都合のよい法を選ぶことが許容されている。かつては海洋法に限定されていた便宜置籍という慣習は、法漁り《ロー・ショッピング》という形で地上にも広がり、これにより国内法は国際規範市場における競合製品であるかのように扱われている[8]。ヨーロッパでこうした流れを熱心に奨励してきた欧州共同体司法裁判所（ＣＪＣＥ）が定着させたのは、ある企業が全活動を行う国の規則を逃れ、束縛の弱い別の国で登録できる権利である[9]。こうした展開において力を持っている法的な世界表象とは、自分に一番都合のよい法律のもとに移動できる自由な個人の選択に開かれた「立法製品市場」という表象である。

「法の消費者」がこの「規範市場」において行う選択を助けるために、世界銀行は二〇〇四年以来、「ドゥーイング・ビジネス」プログラムの一環として、経済効率の尺度から各国法を評価するレポートを発表している[10]。このように更新され続ける数値的なデータベースは、一七八か国（「経済圏」と改名されている）の〈法権利〉の「客観的な測定値」を提供してくれるはずだ。特にそこにはこれらの国々の労働法の「硬直性」を数値化した指標が含まれている。たとえば二〇〇五年の「ドゥーイング・ビジネス」レポートには、「労働者の雇用と解雇（Hiring and Firing Workers）」と題された章が含まれており、各国で労働法がどれだけ投資の妨げになるのかの測定が特集されていた。世界のあらゆる労働法を比較した図表の中心をなすのは、以下の指標である。雇用の難しさ。労働時間の延長または短縮の難しさ。経済的理由による労働者の解雇の難しさ。雇用の硬直性指数。雇用および解雇のコスト。[11]「難しさ」や「硬直性」とは規則のことで、「コスト」とは賃金労働者を守る法権利のことであるのがわかるだろう。「雇用の硬直性」指数によって、労働者に権利を認めすぎる国にはペナルティ点が課される。たとえばパートタイムの賃金労働者に対する社会保障。世界銀行が高すぎと判断した最低賃金（アフリカ諸国には月二〇ドルが高すぎるとみなされたのである）。労働時間を週六〇時間以下に制限すること。解雇予告や人種差別・性差別防止プログラム。[12]

このような「立法製品市場」の創設により、投資家たちの金融面での期待を満足させるものではない規範システムは、徐々に駆逐されるだろう。つまり金融市場の旗印のもとに交わされている企業間の競争は、経済領域のみに限定されるものではなく、法の領域の組織原則になるのが必然的である。こうした規範的ダーウィニズムを今日のフランスで受け継いでいるのが上級の司法官たちであり、[13]これに対する批判も、評価の原則に向かうよりは、大陸法につけられた「得点」（コモン・ローの国々よりも「競争力」が低いと評価される）に向けられがちである。[14]

旧共産国にまで拡大されて以来、欧州連合は加盟国の社会法制や金融法制を互いに競わせるために選ばれし場所と化した。それこそがアムステルダム条約により確立したオープン政策協調手法（OMC）の目的である。[15] このようなガバナンス技術は社会的領域においても欧州共同体の経済政策ガイドラインを主張すること、とりわけ労働力を市場の必要に適合させせることを目指すものである。定められた目標に対する各国の「パフォーマンス」は、欧州委員会が作り上げ、「ピアレビュー」（同領域専門家たちの評価）により定期的に検証される、一連の数値的指標によって計測される。統計的スコアの改善を促された欧州という教室の劣等生たちは、「ベンチマーキング」（性能検査）なる技術により優等生の例に倣うよう促される。

このような法的拘束力を持たない「マイルドな」競争に加えて、近年では欧州共同体司法裁判所（CJCE）によって課される競争がある。メディアや一般大衆の知るところとはなっていないが、この法廷は欧州連合における立法権の本質的部分を手にしているのだ。アンシャン・レジームの最高諸院や、コモン・ローの国々の高等法院のように、この法廷は未来に向けて一般的な規定によりすべての者に対しての決定を下すのであり、それはまるで法そのもののようだ。加盟国につきひとりの判事により構成されるこの裁判所は、欧州議会や欧州理事会で定められている人口バランスのルールからも逸脱している。こうしてこの裁判所は、「新ヨーロッパ」諸国〔旧共産国にしてウルトラリベラルな諸国〕とのイデオロギー的な同盟に乗じて、共産主義市場経済を実行に移すためのとりわけ強力な武器となった。欧州連合条約〔ローマ条約第一一七条〕に記され、かつての判例には息づいていた、「成長しながらの平等化」という目的から道を踏み外したこの裁判所は、賃金が低く社会保障が手薄い国々に進出した企業が、そのような「競争優位」を不足なく利用できるように尽力している。そのためならこの裁判所はこうした企業が労働協約を尊重しなくてもよいとしているし、[16] 賃金を生活費にスライドさせる法律からも免除している。[17] 外国法で定められ、その国で効力を持つ、賃金労働者〔としての地位の〕推定は、却下される。[18] 受入国が労働者の権利の尊重を適切に管理するための仕組みは禁じられる。[19] 便宜置籍という切り札は開業自由の原則の一部であると認められる。[20] 事業移転反対のストは原則として禁じられる。[21] 同様の発想で下された最近の判決のひとつで、この裁判所は労働者の購買力や社会的平和の保護という目的は、労務提供の自由に対する侵害を正当化するような公共的理由とはなりえないと認めた。[22] 今日におけるフィラデルフィアの精神の転覆を、これ以上うまく説明することはできないだろう。

社会的な「最低価格」への競争

移転という現象においては、このような規範の競争が世界的に明るみに出ており、この競争によって最終的に行き着くであろう自由競争の原則の迷走が、あからさまになっている。ある企業が外国に進出してそこでの市場に食い込もうとすれば、その企業は、同国の市場を統制する同じ社会的・金融的・環境的規則に従う他の企業との競争に入るだろう。この企業が優秀であれば、その投資は企業自身にとって、さらにはその国の住民にとっても有益となろう。投資の自由と自由競争が、人間の物質的な境遇を改善する道具として機能していることになる。ところが逆にある企業が事業を移転し、本国の金融・社会・環境規則に違反して作られた製品を逆輸入するなら、競争にさらされるのは製品ではなく（企業が自分自身と競争しているのだと考えれば別だが）、規範システムである。よく知られているように、金融・社会・環境に関する規制緩和競争に突入して、最初に移転の「恩恵を受けた」国々も、より要求の少ない国が現れれば、すぐに見捨てられる。[23]

成長しながらの平等化という共同体の目標を放棄してしまって以来、欧州共同体司法裁判所は社会的な「最低価格」への競争の障害物を取り除くことに邁進しており、それは二〇〇七年末に出されたヴァイキング事件およびラヴァル事件の判決からも明らかである。[24] スト権は「共同体法の一般原則の一部」をなすことは認めつつも、B国で操業するA国の企業に、B国の法律と労働協約の全体を尊重するよう強制するためにこの権利を用いることを、この裁判所は禁じたのである。「一般利益から見てのやむを得ない理由」がない限り、労働組合は移転や便宜置籍という切り札の「魅力を減じたり、それを使いにくくしたりしうる」ことは何ひとつしてはならないのだ。

この判例は、欧州連合における民主主義がどのような教えを叩き込まれているのかを、白日の下にさらしている。共同体法の発展に市民がほとんど完全に取り残されていることは、すでに見たとおりであり、それはヨーロッパ全体での選挙が不在であるためや、諸々の共同体条約について実施された国民投票の結果を無力化することが慣例になっているためである。ラヴァル事件とヴァイキング事件の判例は、〈市場〉の「自発的な秩序」の邪魔をする恐れのあるストやその他の組合活動を禁じることに貢献している。「国家間に横たわる労務提供の自由の障害の撤廃は、公法に属さない連合や機関［つまり組合組織］が法的な自律性を発揮することによる障害によって、国家由来の障壁の撤廃が無力化されたならば、その巻き添えとなりかねない」と考える共同体の判事は、そうした連合や機関を商法に帰属させることで、ILO条約第八七号によって保証された「組合結成権の自由な行使」の原則を侵害しているのである。

　しかしながら組合活動の自由の尊重は民主主義の本質的な側面である。かつては協調組合主義や共産主義の体制の社会政策が、西洋民主主義のそれよりも寛大で野心的なものともなりえた。しかしこうした体制の特徴とは、いかなる異論も許容しない公共福祉観を上から押しつけ、労働組合には既存の秩序の正義を前提とする経済的ドグマの尊重を遵守させることだった。これに対し諸々の民主制の特徴とは、社会正義は単に上から押しつけられるものではなく、雇用者と賃金労働者の利害を突き合わせて、下からも発生させなければならないということを、認めている点であった。組合活動の自由とスト権とが、形式的のみならず現実的に認知され保護されているのはこのためであり、そのことにより弱者は強者に対して自らの正義の代理人を対峙させることができるのだ。西洋の民主制においてはこのようにスト権が法的に確立しているが、それは第二次大戦の後にようやく達成されたものにすぎない。つまりそれは西欧においても脆弱であり、旧共産圏においてはいかなる基盤も持たなかった。ヨーロッパの拡大という文脈において、共同体の判事が、労働協約に関する数年前の決定を覆して[25]、賃金労働者たちの団結の自由を、企業の経済的自由に従わせる決定を下したのは、決して驚くには値しないのである。

　これらの判例がヨーロッパをさらに危険な下り坂へと追いやってしまうことが懸念され

る。民主主義に固有の法的メカニズムは、投票の自由であれ団結の自由であれ、政治的・社会的暴力の源泉を代謝して、力関係を〈法権利〉の関係へと変換することを可能にする。これらのメカニズムすべてを封じ込めて、競争だけを世界組織のための唯一の普遍原則とすれば、二〇世紀の全体主義と同じ袋小路が待ち受けているのであり、経済学や歴史学、生物学の法則とされるものに、〈法権利〉を従属させる点が、ほかならぬ共通点である。このことを認め、そしてこの学説がもたらすのは不条理と暴力だけであると予測することは、政治的・道徳的ないかなる立場に由来するものではなく、「法科学」のもたらしうる数少ない確信のひとつである。利己主義や強欲、「生存競争（struggle for life）」は、ありのままの世界には確かに存在するのだから、それらはあるべき世界に共通の準拠にしたがい抑制され、治水されなければならない。このようなあることとあるべきこととの区別、存在（sein）と当為（sollen）の区別が、[26]一世紀以上も前から、科学主義の様々なヴァージョンによって標的とされてきたことは確かであり、そこでは法的規則と技術的規範をごちゃ混ぜにすることが目論まれている。しかしこの目論見の行き着く先は常に血なまぐさい失敗だった。階級や人種や個人の闘争は歴史的事実として存在しうる。この闘争を法秩序の創設原理に仕立て上げることは、この秩序の可能性自体を否定し、人間の破壊をプログラムに組み込むことである。それは現実との接触の喪失に陥ることでもある。諸価値の天界を追われたドグマは、疑似科学的な世界表象に滲み込み、その上には「ガバナンス」が打ち立てられるのである。

注

1　以下を参照。Karl Polanyi, *The Great Transformation: The Political and Economic Origins of Our Time*, 1944, trad. fr. *La Grande Transformation. Aux origines politiques et économiques de notre temps*, Gallimard, 1983, p. 102 *sq*〔カール・ポラニー『大転換　市場社会の形成と崩壊』、野口建彦、栖原学訳、東洋経済新報社、二〇〇九年、一一七頁以下〕.

2　負債や債権が確定している＝液体である《リキッド》と言われるのは、それらが一定の金額に換金できるときである。財の精算《リキダシオン》とは、それを代替可能にすること、通貨権に変換することである（以下の辞典の « Liquidation et Liquide » の項目を参照。Gérard Cornu（dir.）, *Vocabulaire juridique*, PUF, 1987）。日常語ではリキッドとは現金のことであると同時に、水のように流れて特定の形を持たないもののことである。

3　Ernst Jünger, *Die totale Mobilmachung*, 1930, trad. fr. « La mobilisation totale », in Lion Murard et Patrick Zylberman, *Le Soldat du travail*, *Recherches*, septembre 1978, no. 32–33, p. 34–53（やがてカール・シュミットにより展開される全体国家の概念に着想を

与えた、種親的論文）〔エルンスト・ユンガー「総動員」、『ユンガー政治評論選』、川合全弘編訳、月曜社、二〇一六年、九〇頁〕.

4 Ernst Jünger, *Der Arbeiter*, 1932, trad. fr. *Le Travailleur*, Christian Bourgois, 1989, p. 223〔エルンスト・ユンガー『労働者　支配と形態』、川合全弘訳、月曜社、二〇一三年、二二五頁〕.

5 リカードに着想を得たこのマネージメントのキャッチフレーズについては以下を参照。Michael Porter, *The Competitive Advantage of Nations*, Free Press-Mcmillan, 1990, trad. fr. *L'Avantage concurrentiel des nations*, Interéditions, 1993〔M・E・ポーター『国の競争優位』、土岐坤ほか訳、ダイヤモンド社、一九九二年〕. 以下による批判も参照。James K. Galbraith, *The Predator State*, *op. cit.*, p. 69 *sq*.

6 以下を参照。Ronald H. Coase, « The Market for Goods and the Market for Ideas », *The American Economic Review*, vol. 64, 1974, p. 384-391. アメリカ最高裁においてこの「アイデア市場」という考え方が宗教に適用された件については以下を参照。Laurent Mayali (dir.), *Le Façonnage juridique du marché des religions aux États-Unis*, Mille et une nuits, 2002.

7 Friedrich A. Hayek, *L'Ordre politique d'un peuple libre*, *op. cit.* p. 184〔F・A・ハイエク『法と立法と自由Ⅲ　自由人の政治的秩序』、前掲書、二一一頁〕.

8 Alain Supiot, « Le droit du travail bradé sur le marché des normes », *Droit social*, 2005, p. 1087 *sq*. 概説および多数の関連文献については以下を参照。Horatia Muir Watt,

Aspects économiques du droit international privé（*Réflexions sur l'impact de la globalisation économique sur les fondements des conflits de lois et de juridictions*）, Académie de droit international de La Haye, *Recueil des cours*, t. 307（2004）, Martinus Nijhoff, 2005.

9　CJCE, 9 mars 1999, *Centros*, aff. C-212/97, *Rec.* 1999, I, 1459 concl. La Pergola.

10　http://www.doingbusiness.org/ を参照すれば、地球が法律同士の競争空間であるかのように表象した世界地図がとりわけ目につく（*Business planet mapping the business environment*）。

11　http://www.doingbusiness.org/ExploreTopics/HiringFiringWorkers/CompareAll.aspx.（二〇一九年二月の時点でリンク切れ。レポート全体（*Doing Business in 2005: Removing Obstacles to Growth*）は以下で参照可能。https://doi.org/10.1596/0-8213-5748-4）世界銀行がここで取り入れているのはハーバード大とイェール大の経済学者たちが開発した方法論である。Juan Botero, Simeon Djankov, Rafael La Porta, Florencio Lopez de Silanes and Andrei Shleifer, « The Regulation of Labor », *Quarterly Journal of Economics*, November 2004.

12　とりわけ労働組合の連合であるグローバル・ユニオンズ（www.global-unions.org）からの批判に直面して、世界銀行は二〇〇九年に「労働者雇用指標（Employing Workers Indicators）」の参照を断念してＩＬＯとその改良を協議すると発表した。

13　破毀院長（その後憲法評議会のメンバーになった）が二〇〇五年に行った荘厳な新年度演説を参照のこと。その中で彼は「法典化の市場」という概念を独自に取り入れ、我が国の法的装置の「世界的競争力」を正当化してくれるべき「信頼できる指標」の開発を呼びかけた(Guy Canivet, « Vers une nouvelle pensée juridique », *Les Cahiers du débat*, mars 2005)。

14　アンリ・カピタン協会による以下を参照。Association Henri Capitant, *Les Droits de tradition civiliste en question. À propos des Rapports Doing Business de la Banque mondiale*, Société de législation comparée, 2006（同協会のサイトで閲覧可能）.

15　欧州連合条約第一二五条以下。次の文献も参照のこと。Patricia Pochet, « La stratégie européenne pour l'emploi en 2001 », *Droit social*, 2001, p. 1090 *sq.*; Stéphane de La Rosa, « Stratégie européenne pour l'emploi: les nouvelles orientations », *Droit social*, 2005, p. 1210 *sq.*

16　EU加盟国に派遣された外国人労働者に、その国で適用されている労働協約の賃金の半額を支払うことを許容した以下の判例。CJCE, 18 décembre 2007, aff. C-341/05, Laval; 3 avril 2008, aff. C-346/06, *Rüffert*.

17　CJCE, 19 juin 2008, aff. C-319/06, *Commission c/ Grand Duché du Luxembourg*.

18　CJCE, 15 juin 2006, aff. C-255/04, *Commission c/ France*.

19　CJCE, 19 juin 2008, aff. C-319/06, *Grand Duché du Luxembourg*.

20　CJCE, 6 décembre 2007, aff. C-438/05, Viking.

21　CJCE, 6 décembre 2007, aff. C-438/05, Viking.

22　CJCE, 19 juin 2008, aff. C-319/06, *Commission c/ Grand Duché du Luxembourg*, voir § 53.

23 以下を参照。Jean-Luc Gréau, *L'Avenir du capitalisme*, Gallimard, 2005, p. 212 *sq*.

24 CJCE, 6 décembre 2007, aff. C-438/05, *Viking*, et CJCE 18 décembre 2007, aff. C-341/05, *Laval*.

25 CJCE, 21 septembre 1999, aff. C-67/96, *Albany* § 60.

26 この点については以下の緻密な考察を参照されたい。Leszek Kolakowski, « The Persistence of the Sein-Sollen Dilemma », *Man World. International Philosophical Review*, n° 10, 1977, p. 194–233.

第四章　計量化の幻影たち

経済理論において示される〈市場〉の姿は自己調節というモデルに従っており、それは（本物の）科学が生物に見出したり、技術（何よりもまず情報工学）が機械に利用したりするようなタイプのモデルである。マルクス主義を信奉する社会学や、ウルトラリベラルな経済学が、商業圏を超えて一般化しうるような、人間行動の内在的法則の表れをそこに見出せると信じたのはこのためである。「結婚市場」から「アイデア市場」に至るまで、すべてが需要や供給、競争や資本、製品や価格という用語で分析できるように見えたのだ。[1]このように市場の法則を社会生活全体にまで拡大することで、人間たちを「磁場における引力や斥力などに従う『粒子』[2]」として観察することができるようになる。戦後になされたドグマ的なものの再評価も、人間存在を説明できるのは科学のみであるというこの信仰を根絶やしにするには至らず、人間の行動はプログラム可能とみなされ、法的ドグマは時代遅れとの烙印を押されることになる。有用性の計算によって支配される世界への信とは、人間の統治を歴史や人種の法則に合わせようと目論んだ戦前の科学主義を引き継いだものである。物を管理するように人を統治したいという古代からの夢が、こうして新たな形で続いているのだ。

こうした夢は、偉大なる科学史家ジョルジュ・カンギレムが明らかにしたように、機械や生物学的組織の調節と人間社会の調節との混同に端を発している。[3] ボイラーやアメーバは自らに内属する規範に従っているが、人間たちの間では、各人の外部に準拠していない秩序は良い秩序とはいえない。法的であれ道徳的であれ宗教的であれ、そうした外部の規範は、仮定され、示され、祝福されることができるだけであり、いずれの場合でも証明されることはない。

このような根本的な区別を忘れがちな現代の科学主義は、法から解放された——物理の法則を除いて——世界を、すっかり透明になった人間たちが埋め尽くすというヴィジョンに安住している。国立科学研究センター（CNRS）は、毎年の活動報告用の立派なパンフレットの冒頭の数ページを、ここ数年は人間についての認識に捧げて、次のような大仰なタイトルをつけている。「人間はどう作動しているのか？」二〇〇六年のパンフレットではこれに副題でこう答えている。「人間はニューロン中を走り回る電気と、そこから生まれるコミュニケーションで作動している。研究者たちは脳が自らを理解する驚くべき偉業に挑み、徐々にそこに近づいている」[4]。このような壮大な地平は、全体的に計算可能・プログラム可能になった世界のそれである。会話ではなく、「コミュニケーションで作動する」世界。記号の領域は全面的に物の領域に回収することが可能で、人生の意味についての問いがついに意味を失うような、謎のないフラットな世界[5]。

数によるガバナンス

このような世界では、法による統治が数によるガバナンスに場を譲る。法による統治が目指すのは、各人の同一性と自由と義務を保障する一般的で抽象的な規則の支配である。それが依拠するのは判断能力の発揮、つまり法的性質決定（異なる状況を区別して異なる規則に当てはめる）と文章解釈（意味が最終的に定まることは決してない）という操作である。数によるガバナンスが目指すのは人間社会の自己調節である。それが依拠するのは計算能力、つまり計量化（異なる存在や状況を同じひとつの単位に還元する）と行動のプログラミング（ベンチマーキングやランキングなどのパフォーマンス測定の技術による）という操作である。ガバナンスの支配下にあっては、規範性から垂直の次元が失われる。必要なのはもはや事実を超越する法に依拠することではなく、事実の測定から規範を導き出すことである。

存在と物との多様性を測定可能な量に還元するというこの企ては、全体〈市場〉の創設のプロジェクトとも本質的に結びついている。地球上のあらゆる人間や製品をカバーするこの〈市場〉の只中では、各国が自らの「競争優位」を活用するために貿易障壁を撤廃するだろう。世界貿易機関（ＷＴＯ）が尽力する「国際貿易関係における差別待遇の廃止」により、各国の法システムは多様性を減じるよう促され、資本と商品の自由な流通を妨げる可能性のある規則はすべて取り除くように誘導されている。このような貿易障壁の撤廃の環境的影響は甚大であり、その影響は自国の環境法制に不適合な方法で生産された商品の輸入を禁じる国々に対する、メディアでも取り上げられた非難にはとどまらない[6]。このような差異の平準化は大地そのものにまで及び、商品とみなされた大地は、投資や不動産投機に開かれるべきとされる。欧州共同体司法裁判所によれば、「加盟国の土地の建物を非居住者が取得することは［…］加盟国間の資本移動というカテゴリーに入る。この移動の自由は条約により保障されている」[7]。大地が世界市場で精算可能な価値へとこのように姿を変えることを手がかりとすれば、かつての法律用語では、世界の中でも識別可能な境界がなく人間生活には不適切であるために持続的に専有不可能な部分（海洋や空中や星と星の間）に限定されていた、空間という概念が、最近になって土地法に含まれるようになったのはなぜなのかも理解できる。欧州連合こそが最初に、「単一市場」の創設という文脈において、自らを「自由と安全と正義の空間」であると法的に定義づけたのであり、不確定かつ確定不能な数の新加盟国にまで拡大するのに適したこの空間は、もはやひとつの領土や、明白に特定可能な境界を持つ複数の領土の集合ではないのである。[8]

グローバル化のプロセスが、風景や人間環境、生活習慣、言語や文化資源、考え方などの具体的な多様性を無視できないのは言うまでもない。商品（および市場経済が商品と同一視する、仕事や土地や貨幣などのすべて）とは異なり、それらの価値は市場価格を持たないがゆえに、その保存や更新は原則として「その土地の法（lex loci）」に帰属する。世界市場という観点からすれば、これらの財もやはり資源とみなされ、それぞれの国や世界の地域の比較優位の決定に際して考慮に入れるべきものとなる。こうして新たな計量化のテクニックが出現し、商品ではないこれらの財の比較価値を計測し、そこから可算的で普遍的な表象を導き出すことが目指される。このようなスコアリング技術は、今日では科学研究（計量書誌学）から比較法（法漁り《ロー・ショッピング》の必要のため。第三章参照）、さらには「人間開発」まで、多様な領域で活用されている。地理的な側面では、都市や国や領土が、このような技術によって、競合するトレードマークのように扱われようとしている。「地域のアイデンティティ資本」についての数値的指標に基づく「国家ブランディング（nation branding）」の開発というような話が出てくるのもこのためである。そのことにより地域のアイデンティティは解体されて評価可能なアイテム（風景、気候、公共サービス、治安、グルメなど）の標準的な一覧になり、地域の政治的・経済的「アクター」たちは「地域競争力」改善のための競争へと駆り立てられる。

自己言及の罠

このようにあらゆる種類の特質を測定可能な量へと変身させる試みにより、私たちは徐々に、数値的なイメージへの信頼が、そのイメージにより表象されるはずの現実との接触に置き換わっていくという、投機的な袋小路に陥る。数え上げられる対象というのは、同じ資格を与えられた特定可能な対象のみである。そして私たちが自然の対象を特定し分類するのは、諸々の思考カテゴリーを用いることによってであるが、それらのカテゴリー自体は数学的ではない。しかしだからといってそのような特定や分類が合理的ではないとは言えない。計算に意味を付与し、計測された量に計測することの意味を結びつけるのが、思考の仕事である。それ自体は計算できない準拠システムの中に、あらゆる計算を組み入れることの必要性は、自然現象ではなく経済や社会の現象を計測しようとする場合には、とりわけ喫緊である。アラン・デロジエールがその記念碑的な著作群のなかで明らかにしたように、自然科学において計量化が援用される場合とは異なり、経済統計や社会統計はあらかじめ存在する現実を計測しているのではなく、異質な存在や力を同等とみなすことにより、新たな現実を構築しているのである[9]。法秩序における憲法のように、統計情報は規範的な本質を持っており、公共空間の構築に役立っている。だが憲法とは異なり、その規範性は隠されている。改正の規則は想定されておらず、「統計情報が提供を促されている（しかし実際には統計情報によって信用を与えられた）『議論の余地のない事実』とは、議論のための方式を自らのなかに持ち合わせていないのである」[10]。

計測と評価を混同すれば、計測の意味を失わざるをえなくなる。評価とは単に計測するだけでなく、計測を価値判断に準拠させることであり、そしてその価値判断が計測に意味を与えるからだ。この意味の定義がドグマ的次元を持つことが必然的であるのは、私たちの思考カテゴリーは、生まれつき備わっているものではないからである。これらのカテゴリーは、定義を理解するために私たちが自分で手に入れた方法なのである。現代の監査システムは、現代会計学の父のひとりであるジェームズ・エニオン（James Anyon）が一九世紀末に早くも表明していた賢明なる警鐘を、すっかり忘れてしまったようである。「数字を使うのは最小限にとどめよ［…］。事実、真実、原則を考え、それらに基づいて行動し、数字は単にそれらを表明するためのものであるとみなせ。［…］今日における鍛えられた経験豊富な会計士とは、数字だけの人間ではない（Use figures as little as you can［…］. Think and act upon facts, truths and principles and regard figures only as things to express these.［…］The well trained and experienced accountant of today is not a man of figures)」[11]。市場という計算の世界は、適切に機能するためには、計算の手の届かない規範に準拠する必要がある。さもなければ、金融市場の破綻からも明らかなように、投機的な袋小路に陥るのは避けがたい。計測の意味を失った金融は、現実との接触を失い、しまいには現実に復讐されるのである。

このような現実との接触の喪失は、「ニュー・パブリック・マネージメント」の旗印のもとに発達した指標への依存においても顕著である。このマネージメント理論によれば、国家は競争的市場で操業する企業と同じ活動規則に従わなければならない。つまり国家は数値的なシグナルに反応せねばならず、そうしたシグナルは市場価格と同様に、国家が活動する世界の真のイメージだということになるだろう。公的な領域でここ一〇年来「ガバナンス」の名のもとに押し進められた改革には、この理論が強く影響している。ケトレ以来の統計的カテゴリーとは異なり、ガバナンスのために開発された新たな指標は、国家や公共事業のエージェントの活動を単に解明するのではなく、むしろ競争相手のパフォーマンスと比べてのスコアの改善を義務づけることで、行動をプログラムするのである。[12] 私的領域においては、こうした発想によって会計標準化は意味をすっかり変え、もはや企業に責任を自覚させるのではなく、企業の決算の点検（ベンチマーキング）を準備するだけである。[13] サイバネティックスに由来するガバナンスという概念が考える数字とは、活動の枠組みではなく目的、あるいはむしろ反応を引き起こす動因である。私的・公的な各アクターに想定されているのはもはや行動することではなく、自らのパフォーマンスを改善するために、自分のもとに届いた数値的シグナルにフィードバックを送ることだからだ。

このように構想された公共政治指標は、ソビエトの計画指標と同じようなドグマ的手続きを経ており、同様の効果を無数にもたらしている。つまり具体的な結果よりも計量的な目標を満たすことに行動を向かわせたり、[14] 経済や社会の現実的な状況を、自らが率いている者たちの生活から切り離された指導層に対して覆い隠したりする効果である。[15] 今日において公私のビジネス経営を統率している数値的な世界表象は、国際機関や国家そして企業を、計量化という自閉症の中に封じ込め、人々の生活の現実からますます遠ざけている。現実について判断するためには、現実の外にある価値システムに、現実を結びつけることができなければならないのは確かである。そのかわりに価値システムを問いに付すためには、それが決して自然に内在するものではなく、審議や異議に向き合う用意があることを認めなければならない。価値システムを計測可能な事物のように扱うのは、計測の機材の調子を狂わせ、価値システムは「科学的」客観性を持ちようがないのに、自分の価値システムにはそれがあるのだとすることにつながる。

欧州連合や世界銀行が構想した、各国法のパフォーマンスを計測するための指標とは、自分が規範性であると認識できていない規範性の、戯画的なイメージである。今日でも法の審議の枠組みをなしているはずの民主的議論にとっての要請すべてを、それらの指標は免れているうえに、指標が映し出す計量的イメージは、現実のそれではなく、指標の練り上げを取り仕切った信仰のイメージなのである。たとえばロベール・サレが明らかにしたように、「オープン政策協調手法（ＯＭＣ）」においては瞬間的復職率の向上が重視されているが、雇用の不安定化が労働市場に与える影響は無視できるものとすることが前提となっている。各人の能力ではなく雇用可能性《エンプロイアビリティ》という概念に依拠したこれらの指標は、雇用喪失の強いリスクにさらされた労働者たちの脆弱性を考慮に入れようとはしない。雇用を取り戻した労働者のその後も、雇用の性質も、関心の対象外なのだ。要するに人間に興味が向けられるのは労働市場に到達したときだけであり、それ以前の失業の前兆となりうるものすべてには目が閉ざされているのである。[16]

これはソビエトにおける反逆の大作家（かつ論理学者）アレクサンドル・ジノヴィエフが「本当の嘘」と語っていたものである。大学において博士論文公開審査の数や学部の中退率といった指標を助成金や貸付金の割当に利用した例が典型的である。適切な結果を公表するためには、要求水準を下げさえすればよいのだ[17]。研究者の仕事を評価するためのこの種の指標（「サイテーションインデックス」[18]「特許数」「査読誌への刊行点数」など）が広まっている昨今においては、ソ連（イヴァンブルグと改名されている）の研究の計画化について語ったジノヴィエフの一節が、驚くほどの今日性を蘇らせている。

「研究は忘れ去られた。この忘却の埋め合わせが目指された。特別な会議が開かれた。向上、改善、修正が決定された。それから具体的な施策が講じられた。①課程博士および理学博士の数を増やす。②研究者教育および博士論文の理論的・科学的水準を改善する。③科学の今日性に寄与する刊行物の数を増やす、等々。有言実行。よく言われるように、結果をすぐに出すことが大事であった。六カ月後には課程博士の数は百倍に、理学博士の数は九九倍になった。刊行物の総重量は一億トンに達した。この種の逸話に関して出し惜しみは禁物である。やるならば大きくやったほうがよい。やがてイヴァンブルグは科学ではちきれんばかりとなった[19]」。

「数によるガバナンス」が依拠するのは、諸々の統計的カテゴリーが表象しているとされる対象の現実性に対する信仰と、そうしたカテゴリーの構築に先立つ等価性についての合意の忘却である。それゆえこのガバナンスはとりわけ、自己言及の罠に陥る危険性にさらされている。自己言及とは数理論理学、特にラッセルとホワイトヘッド[20]が一世紀以上前に、論理的逆説（「これから私が言うことは偽りである」といった類の）を取り除くために展開した階型理論によって着目されたものである。この理論の一部についてを論じたのがゲーデルであるが、彼が数学の領域で証明した不完全性定理は、次のような教えの拠り所となっている。つまりいかなる集合も自分自身に属することはできないし、自分自身を前提とすることもできない、という教えである。[21]このことは人間精神についてと同様に人間社会についても言える。

ラッセルを「文法の立法者」と呼んだ者もいるが、より一般的には、彼の階型理論によって明らかにされたのは、禁止の論理的な機能である。つまり明らかにされたのは自己言及的（オートポイエーシス的?）思考の袋小路であり、n型の規範的言表はいずれもn＋1レベルの型に言及しなければ、無矛盾の原則に抵触してしまうということである。サイバネティックスの創設の父のひとりであるノーバート・ウィーナーがその遺著を、「サイバネティックスと宗教とが衝突するいくつかの点[22]」に捧げたのも理解できよう。科学主義者ではなく知識人であったウィーナーは、禁止《アンテルディ》というドグマ的問題を取り除けば、人間において理性を基礎づけているものまでもが取り除かれてしまうことを理解していた。「話に割って入ること《アンテルディ》」により人々は、互いに殺し合うのではなく話し合うことが可能になる。経済的自由の名のもとにあらゆる種類の禁止を精算することは、弱者が強者に踏みにじられ、暴力が堰を切ることにしかならない。フィラデルフィアの精神との和解を果たすことが急務であるのはこのためである。他の領域と同様にここでも、伝統への忠誠とは歴史の停止を意味するものではまったくなく、むしろ逆に、現在を理解し、未来の自分を思い描くための手段を、過去の知性の中に見出すことを意味する。今日における課題とは、ウルトラリベラル革命以前の状況を取り戻すことではなく、社会正義の今日性を思考することである。

1　注

たとえば以下に接近してみること。Gary S. Becker, « Altruism, Egoism, and Genetic Fitness: Economics and Sociobiology », art. cit.; Pierre Bourdieu, *La Distinction. Cri-*

tique sociale du jugement, Minuit, 1979〔ピエール・ブルデュー『ディスタンクシオン　社会的判断力批判』、石井洋二郎訳、藤原書店、一九九〇年〕.

2　Pierre Bourdieu, *Réponses*, Seuil, 1992, p. 82〔ピエール・ブルデュー、ロイック・J・D・ヴァカン『リフレクシヴ・ソシオロジーへの招待』、水島和則訳、藤原書店、二〇〇七年、一四二頁〕.

3　Georges Canguilhem, « Le problème des régulations dans l'organisme et dans la société », *Cahiers de l'Alliance israélite universelle*, n° 92, septembre-octobre 1955, p. 64 *sq.*, repris in *Écrits sur la médecine*, Seuil, 2002, cité p. 108.

4　*2006. Une année avec le* CNRS, CNRS, 2006, p. 18–19（強調は原文による）. この文章の著者たちがこれまでに聖アウグスティヌスを読んだことがあるかどうかは疑わしい。いずれにせよ、アウグスティヌスに襲いかかり、精神分析（今日ではCNRSから排除されている）が正当であると認めた次の懐疑を、この文章の著者たちは知らずにいる。「それでは、精神はあまりに狭小であってそれ自身を捉えることができないのであるか」(Saint Augustin, *Les Confessions*, livre X, VIII, 15, Gallimard, « Bibliothèque de la Pléiade », 1998, p. 991〔アウグスティヌス『告白』(下)、服部英次郎訳、岩波文庫、一九七六年、二二頁〕.)

5　このようなユートピアの予兆はエドウィン・A・アボットの小説の中に見出すことができる（Edwin A. Abbott, *Flatland, A Romance of Many Dimensions*, 1st ed. 1884, trad. fr. *Flatland, une aventure à plusieurs dimensions*, Denoël, 1998〔エドウィン・アボット・アボット『フラットランド　多次元の冒険』、冨永星訳、日経BP社、二〇〇九年〕)。この小

説の瞠目すべき現代性を示したのが以下である。Ota De Leonardis, « Nuovi conflitti a Flatlandia », in Giorgio Grossi（dir.）*I conflitti contemporanei*, Utet, 2008, p. 5 *sq*.

6 イルカやウミガメを傷つける網で獲られたマグロやエビについての有名な案件を参照のこと。この判例については以下を参照。Robert Howse and Donald Regan, « The Product/Process Distinction — An Illusory Basis for Disciplining “Unilateralism” », in *Trade Policy, European Journal of International Law*, vol. 11, 2000, n° 2, p. 249–289.

7 CJCE, 13 juillet 2000, Aff. C-423/98, *Alfredo Albore*.

8 一九五七年に調印されたローマ条約には含まれていなかった空間という概念は、一九八六年の単一欧州議定書に導入された（補強条約〔ニース条約〕の前文および第二、二九、四〇、六一条参照）。以下を参照。Alain Supiot, « L’inscription territoriale des lois », *Esprit*, novembre 2008, p. 151.

9 Alain Desrosières, *La Politique des grands nombres. Histoire de la raison statistique*, La Découverte, 2e éd. 2000; *Pour une sociologie historique de la quantification*, École des Mines, 2007, 2 tomes.

10 Alain Desrosières, *Pour une sociologie…, op. cit.*, t. I: *L’Argument statistique*, p. 78.

11 引用は以下による。David Boyle, *The Tyranny of Numbers*, HarperCollins, 2000, p. 38.

12 以下を参照。Robert Salais, « Capacités, base informationnelle et démocratie délibérative », in Jean De Munck et Bénédicte Zimmermann（éd.）, *La Liberté au prisme des capacités*, EHESS, 2008, p. 297 *sq*.

13 Samuel Jubé, *Droit social et normalisation comptable*, thèse, université de Nantes, 2008〔LGDJ, 2011〕.

14 このような影響は経営科学において顕著である。数あるケーススタディのなかでも、病院の「製品」コストを測るために構想された相対原価指数（indice de coût relatif）のもたらした影響についての以下の研究を参照。Jean-Claude Moisdon（dir.）, *Du mode d'existence des outils de gestion*, Seli Arslan, 1997, p. 114 *sq*.

15 個別のパフォーマンスの評価のための数値的指標に従属することからもたらされる虚偽については、以下を参照。Christophe Dejours, *L'Évaluation du travail à l'épreuve du réel: critique des fondements de l'évaluation*, INRA, 2003.

16 以下を参照。Robert Salais, « La politique des indicateurs. Du taux de chômage au taux d'emploi dans la Stratégie européenne pour l'emploi », in Bénédicte Zimmermann（dir.）, *Les Sciences sociales à l'épreuve de l'action: le savant, le politique et l'Europe*, Maison des sciences de l'homme, 2004, p. 287–331.

17 イギリスの例については以下を参照。Michael Power, « Research Evaluation in the Audit Society », in Hildegard Matthies, Dagmar Simon（ed.）, *Wissenschaft unter Beobachtung. Effekte und Defekte von Evaluationen*, VS Verlag für Sozialwissenschaften, 2008, p. 15–24.

18 「サイテーションインデックス」とは研究者の「生産」の計量的指標であり、一定数の雑誌におけるその研究者の論文の引用数に基づいている。

19　Alexandre Zinoviev, *Les Hauteurs béantes*, L'Âge d'homme, 1977, p. 428–429.

20　ラッセルの一九〇八年の論文、次いでホワイトヘッドとともに両者の共著『プリンキピア・マテマティカ』の第一巻で展開された。Alfred North Whitehead, Bertrand Russell, *Principia Mathematica*, Cambridge University Press, 1910〔ホワイトヘッド、ラッセル『プリンキピア・マテマティカ序論』、岡本賢吾ほか訳、哲学書房、一九八八年〕.

21　ゲーデルの定理とその含意については以下を参照。Roger Penrose, *L'Esprit, l'Ordinateur et les Lois de la physique*, InterÉditions, 1992, p. 105 *sq*. 同様に以下も参照。Pierre Cassou-Noguès, *Gödel*, Les Belles Lettres, 2004.

22　Norbert Wiener, *God and Golem inc. Sur quelques points de collision entre cybernétique et religion* [1964], L'Éclat, 2000〔ノーバート・ウィーナー『科学と神　サイバネティックスと宗教』、鎮目恭夫訳、みすず書房、一九六五年〕.

II 社会正義の今日性

二〇〇八年秋に起きた金融市場の破綻は単なる前触れである。〈法権利〉の危機という、より深刻な危機の前触れなのである。市場は、適切に機能するためには、三次元の制度的世界に組み込まれている必要がある。そこでは経済の担い手たちの関係は第三の審級の庇護のもとに置かれており、その審級が彼らの交換の真正さを、人生という長い期間にわたり保証している。これを理解するためには、中世の市場に足を踏み入れさえすればよい。たとえばブリュッセルのマルクト広場（Marktplatz）の建築の美しさは、この広場が持つ制度的な意味合いを明るみに出している。広場の周囲には、よき市場の機能の拠り所であった諸制度の拠点が鎮座している。たとえば市役所は、交換の正しさ（度量衡の正しさ）を保証する都市の権威の拠点である。さまざまな職業会館（肉屋やパン屋、醸造業者など）は、交換すべき富に不可欠な仕事の質やステータスを保証する同業組合の拠点である。こうしたさまざまな建造物は、商業空間の限界を画すものでもあった。この空間から離れて、たとえば裁判所や王宮に赴いてみれば、市場の規則とは別の規則に従うことになる。市場の法が裁判官や政治的主導者をも支配すれば、彼らの決定は金で買えるようになってしまい、都市は腐敗し、善良な商人たちが自由に働くことはもはやできなくなってしまうからだ。

現代の市場がこのような地理的・建築的な一体性を持つことはもはやないが、それが機能するために従っている制度的な諸条件は同じである。真の契約が結ばれうるのは、それに拘束される当事者たちが、約束の保証人（神々、王、国家……）の庇護の下に置かれているときのみである。そのような保証人がいなければ、契約とは単なる強者の掟となってしまう。同様に、所有権とは人と物との二項関係ではなく、所有権の行使のためにもやはり、各々の所有が全員に尊重されることを保証する〈第三者〉の存在が不可欠である。[1] たとえば国家が衰退もしくは腐敗して、この条件が欠くことにでもなれば、ある物を人に結びつける、しかもたったひとりに結びつける紐帯という擬制《フィクション》は立ち行かなくなる。その時には人間同士の依存関係が再び前景を占めて、弱者たちは、殺されたり、なけなしの持ち物を奪われたりしないように、強者たちに忠誠を誓わなければならない。

　言い換えれば、ウルトラリベラリズムと共産主義市場経済の三〇年が、金融市場を規制緩和したり、社会や環境にかかわる法制度を競売にかけたりすることで、徹底的に掘り崩そうとしてきたのは、市場の依拠する諸々の制度的基盤そのものだということである。規制緩和がもっとも進んでいた金融市場こそが最初に崩壊するであろうことは、法学的観点からだけでも予測可能だった。破綻の予測は経済学的観点からも可能であったし、以前から一部の経済学者たちにより予測されていたが、経済学の査読誌に彼らの論文が掲載されることはなく、誰も彼らに「アルフレッド・ノーベル記念」経済学賞を与えようとはしないのである。[2]

このような警鐘に聞く耳がもたれなかったのは驚くべきことではないし、社会問題や環境問題についても同様ではないかと危惧される。自らがドグマであることを自覚し、解釈の可能性にも開かれている法的ドグマ学とは異なり、諸々の科学主義的ドグマ学は、自分がドグマ的であることを認められず、あらゆる外部の批判に対して完全防水である。それが長所となることもあったが、今日のウルトラリベラル学説のように、現実原則に追いつかれてしまったときには短所となる。こうした学説の権化たる政治・経済のエリートたちには、世界が足元から崩れはじめているのはなぜなのかが理解できないのである。ひと昔前の社会主義者たちや共産主義者たちの場合がそうであった。「科学的社会主義」の亀裂や崩壊を問う能力を欠いていた彼らは、社会主義の絶対的な擁護から、わずか数年で新たなウルトラリベラルの信条への無条件の賛同へと鞍替えしたのだ。今日の事態もまた同じであり、この信条に入信した者たち（同じ顔ぶれであることが多い）が、そのおかげで地位を得ているのである。

彼らのもっとも固い信念とはこうだ。〈市場〉こそが世界のビジネスを統制する最高審級であり、企業の方針や国家の経済政策を世界のすみずみで最終的に定めているのはこの審級である。だとすれば金融市場の破綻に直面した彼らの構想した再建計画が、金融市場に公的資金を湯水のように注ぎ込むだけで、破綻の構造的理由を問い直すものではなかったのは、驚くに値しない。私たちの相手は、再起動させようとエンジンに火を放ち、そのエンジンにガソリンをまき散らす放火魔のような消防士たちである。彼らにしても市場にはよりよい調節が必要であるということは認めているが、規則とは国際規範市場で競合する製品のようなものであると考えるのをやめようとしない。こうして自己言及的な袋小路、つまり市場は市場によって調節できるとの信仰から抜け出すことができなくなるのだ。

　しかしあたかもセントラルヒーティングの温度調節をするように、市場を「調節する」ことが問題なのではない。[3] 市場を規制することこそが課題なのであり、そのためには政治的・法的な領域に立ち戻って、人間にとっての必要が目的で、経済・金融組織は手段であるという、秩序を回復させねばならない。言い換えれば、フィラデルフィア宣言の着想に立ち戻らねばならないということである。経済と金融は人間の尊厳と社会正義の原則に仕えるものであるということを、戦争末期に確認しようとしたのがこの宣言であった。とはいえそれはフランスの「栄光の三〇年間」の制度的な仕組みに立ち戻るべきであるということではない。戦後三〇年間の社会経済状況がウルトラリベラリズムの三〇年よりもずっと立派であったのは確かだが、それはもはや過ぎ去った世界情勢に対応するものでしかない。これに対し、フィラデルフィアで一九四四年に採択された社会正義の定義は少しも古びておらず、二〇〇八年に採択されたばかりの「公正なグローバル化のための社会正義に関するILO宣言」が、ただそこに立ち返るだけのものであったのもこのためである。フィラデルフィアに忠実であるとは、現在に見合った未来の道を描き出すことである。このためには、ウルトラリベラルなドグマのフラットで垣根のない世界から脱却し、経済の必要に人間をあわせるという政策の三〇年によって鈍りきった五つの感覚を、再び研ぎ澄ますことが必要である。限界、節度、行動、責任、そして連帯という五つの感覚がそれだ。

注

1　以下を参照。Alan Macfarlane, « The Mystery of Property: Inheritance and Industrialization in England and Japan », in Chris M. Hann (éd.), *Property Relations. Renewing the Anthropological Tradition*, Cambridge University Press, 1998, p. 104 *sq.*

2　とりわけフランスにおいては、ジャン゠リュック・グレオが十年以上前に出版した、この上なくあからさまなタイトルの著作を参照のこと。Jean-Luc Gréau, *Le Capitalisme malade de sa finance*〔金融に冒された資本主義〕, Gallimard, 1998. より最近ではフランソワ・モランによる以下の警鐘を参照のこと。François Morin, *Le Nouveau Mur de l'argent: essai sur la finance globalisée*, Seuil, 2006.

3 以下の Quadrige 版に付した序文（« Critique de la régulation »）を参照。Alain Supiot, *Critique du droit du travail*, PUF, 2002.

第五章　限界の技法

〈法権利〉の基盤をなしているのは、諸々の法律がもっぱら人間的なものであるという理念であり、したがってそれらの法律の正しさとは、必然的に相対的なものとなる。各国民が自らの物理的・文化的環境に最適と思われる法律を選び取ることが民主主義の理想である。このように法律を領土に書き込むことと結びついているのが、諸々の主権国家で世界を敷き詰めた、二世紀前からの世界組織の方法である。各国家は不死の〈存在〉という姿をしており、その物理的身体は、ただ一つの「国民」に属することで結び合わされた人間たちの世代継承のたびに再生する。国家こそが世紀をまたいだ国民の残存と繁栄を保証する。このような形而上学的な構成はアメリカ合衆国憲法の第一文に見事に要約されている。「われら合衆国の国民は、より完全な連邦を形成し、正義を確立し、国内に平和を行き渡らせ、共同の防衛に備え、一般の福祉を発展させ、われらとわれらの子孫に自由の恩恵を保証する目的をもって、アメリカ合衆国のためにこの憲法を布告し制定する」。脱植民地化のおかげでこのような制度的組立が世界全体に広がり、以後は国家こそが法の支配（rule of law）の枠組みとなり、この法の支配の尊重こそが、「人間が専制と圧迫とに対する最後の手段として反逆に訴える」（世界人権宣言）ことを防いでいる。換言すれば、法の支配は、異なる法律に従う諸領土の多様性のうちに組み込まれている。このような支配のうちで、各人は自分が生きうる場を認められ、他人のそれを尊重する。場とはまずもって同一性のことであり、同一性は、各人が交換の舞台に自由な主体として登場するよりも前に必ず各人に割り当てられ、勝手に奪われることのできないものである。〈法権利〉が宗教と区別される世俗化した社会では、国家《エタ》は親子関係と領土に依拠しながら全人間を同定・認証し、ひとつの身分、つまり民籍《エタ・シヴィル》を付与している。

法律の個人化

このような法律の領土への書き込みは、資本や商品の世界的流通を妨げると思わしき障壁すべての消去により、今日ではきわめて危険な状態にある。[1] このような消去により、国家が自らの領土に法の支配を行き渡させる能力が毀損されている。税金や社会保障からの避難地の増殖が推奨され、国民の連帯の基盤が切り崩されている。法人格というテクニックを用いる富者たちは、目出し帽をかぶって身元を隠す、自分の行いの責任を取ろうとしないギャングたちのようである。〈全体的市場〉の支配下では、ただお金のみが、場の分配の明白にして唯一の基準となり、人と人との間、物と物との間、さらには（人体の財産化とともに）人と物との間の質的な差異は、いずれも自明ではなくなる。

世界を計量化可能な資源のまとまりとみなして管理すれば、平等とは未分化のことであり、差異とは差別のことであるとしか考えられなくなる。ウルトラリベラル右派にとって、経済の領域で貨幣以外の差異は根絶されるべきであり、職業的地位や公共サービスの解体が計画されるのはこのためである。「社会関係《ソシエタル》」左派にとっては、人の法（Droit des personnes）に関する、性差や世代差などのあらゆる差異が根絶されるべきであり、市民や家族としての地位が解体され、可変的アイデンティティの「自由選択」という理念が出現するのはこのためである。[2] いずれの場合でも、未来の不安定・可変性・不確実性こそが生の原則となる。フランス企業運動（Medef）の会長による以下のような声高の問いかけは物議をかもした。「人生も健康も愛も不安定です。労働もこの法則を免れることができましょうか」。[3]

このように人々の市民的・職業的アイデンティティの基盤が揺るがされていることの反動として、国家主義や共同体主義の多様で極端な諸形態が再び姿を見せている。制度的土壌が足元から崩れ始めているのを感じた人々は、別の場所に支えを求める。たとえば宗教や肌の色、「ジェンダー」や「性的指向」の高らかな表明の中に、あるいは祖先の犠牲の記憶や、起源が再発明され放題の、あらゆる形態の土着性の中に。このようなアイデンティティ要求の高まりにより、社会的不正義の社会経済的諸原因が覆い隠されている。[4] たとえば「郊外地域の困難」で直面する諸問題の第一の原因は、そこにはびこる貧困や失業や公共サービスの欠陥ではなく、住民たちの「起源」であるから、彼らの宗教や肌の色に耳を傾けよ、というのだ。フィラデルフィア宣言が、人種や信仰、性別への考慮は、正義の定義には関係がないとみなしていたのに対して、今日ではあらゆる学問流派が、それらの差異の考慮のうえにこそ正義を基礎づけようとしている。[5]

かくして正義の問題は所有の領域から存在の領域へと移行し、社会経済的なものからアイデンティティにまつわるものとなった。「違いを主張する権利」が多様なマイノリティーたち（民族的、性的、宗教的）によって援用され、彼らは信教の自由や犠牲者として自らの立場を口実に、特別なステータスを獲得し、同じ土地の全住民に課される法の領域を狭めることに成功している。[6] 個人のレベルにおいては、私生活を尊重する権利が援用されて、民籍の不可処分性の原則が後退させられ、各人が自分のアイデンティティを自分で決めることが可能となった。[7]「自己のための法律」や「法律のための自己」という個人的形式による、属地性から属人性への法律の移行は、西洋文化の最新状況を特徴づけるナルシシズムの法的な表れである。[8] 欧州人権裁判所（CEDH）が、「各人が自らの人間としてのアイデンティティの詳細を確立する権利」[9] を主張するのも厭わないのはこのためである。イスラーム原理主義は多くの点でこのナルシシズムの反映にほかならず、スンナ派の国々で「ファトワマニア」と呼ばれるものや、どんなイマームでも立法者を自任できてしまう思い上がりが、それを物語っている。[10] これは破壊的なナルシシズムである、なぜならそれはピエール・ルジャンドルが以下に述べるような袋小路につながるものだからだ。「自らにとっての〈第三項〉たることを主体に課すこと。それは主体の解放ではなく破壊であり、全面的な誘惑の言説を隠れ蓑に、社会関係を食うか食われるかの世界へと政治的に変えることである。管理経営的な様式の新たな合法性の不文律を明るみに出せば、次のように要約できるだろう。『生き残れる者は生き残らんことを[11]』」。

自らの根拠の拒絶と、アイデンティティの要求とは、つきつめて言えば、各人が自由に振る舞い、活動できるくらい確実な場を各人に確保することの困難という、同じコインの表裏でしかない。同様に、商品や資本の流通を妨げうる障壁すべての撤廃は、この撤廃によって困窮に突き落とされ逃亡を余儀なくされた人々の往来を禁じる壁の建設と対を成している。このようにグローバル化とは、液化した無境界の世界というユートピアと、バリケードや「ゲート・コミュニティ」の増殖との間を揺れ動いているのである。こうした袋小路の前では、過去の境界を再建しようという誘惑からだけでなく、そうした境界を無視して過去を一掃しようという誘惑からも身を守らなければならない。そのためにはまず、近代以来国家や個人についての私たちの表象を支配してきた、主権という形象の歴史的な凋落を確認しておくことが必要である。

封建制ルネサンス

一六世紀以来の国家理論を支えてきた主権は[12]、現代における変化を説明するには具合が悪い。この凋落に意識的な著者たちが、それを語るために用いるのは、ピラミッドとネットワークというメタファーである[13]。しかしネットワークの原型とは封建制であることを思い起こせば、グローバル化という文脈で生まれつつある〈法権利〉が、過去の形態を引きずっており、ネットワーク社会が、法律に対する契約の勝利や、国家に対する「市民社会」の勝利ではなく、主権国家の成立以前の制度的組立の復活を示していることが、すぐに理解できる。ここに驚くべきものはなにもない。とりわけアジズ・アル＝アズメがイスラームについてを[14]、ピエール・ルジャンドルが西洋の場合を解明したように、過去のドグマ的カテゴリーは直線的歴史の中に書き込まれているのではなく、埋もれた意味の貯蔵庫を構成し、日の当たるところにいつでも蘇り、新たな規範的効果をもたらしうるのである。法的構造の型には無限のヴァリエーションがあるわけではないのが、このような堆積的性格の理由のひとつである。これらの型の各々の語尾が変化しているだけなのだ。

　中国の政治哲学による古い区別をここに援用して、法による統治と人による統治という、大まかな区別をすることができる。法による統治のシステムにおいては、〈法〉は至高なる権力の意志を表し、誰の前にも等しく立ちはだかる。一般的で抽象的な法に全員が従うことが、各人に認められる自由の条件である。この構造に付随するのが〈第三項〉の上演であり、法の源泉であり保証人であるこの〈第三項〉は、諸個人の意志や関心を超越している。このようなドグマ的組立が、異なる二つの法的平面の分節を可能にする。計算可能な面と計算不可能な面の二つである。個別の有用性の計算すべてを超越し、熟議や〈法〉領域に属する諸問題（第一に人の身分の問題）に関係するのが一方である。個別の有用性の計算で統御できる、つまり交渉や契約の領域に属する問題に関係するのが他方である。この種の組立のみが、契約の面において、人間や物を抽象的で交換可能な実体として扱うことを可能にするのであり、それらの実体の価値は同じ通貨基準に関連づけることができる。それらの質的な違いは計算不可能なものの領域が引き受けているからであり、この領域が〈法〉に帰属することになったのである。

人による統治のシステムにおいては、各人は依存関係のネットワークに組み込まれている。全員がひとつの抽象的な法に従うことではなく、各人がこのネットワーク内に占める位置に、各人の振る舞いがふさわしいものであるかどうかが追い求められる。各人は自分が依存している人々の利害にできるだけ役立たねばならず、また自分に依存している人々の忠誠心を当てにできることが必要である。非個人的な唯一の法への従属ではなく、個人的な関係への加入こそが、人々の相互的な関係においてや、人と物との関係における、人間の法的条件を定めているのである。この種の組立においては、計算可能なものと計算不可能なものとの区別は曖昧になる。法が利害集団の代表の間で交渉される一方で、一般的利害への配慮は、契約の世界に流れ込む。〈第三項〉が姿を消すことはないが、多極に分散し、それぞれが同じネットワークの中でつながっている。国家の立場は主権者のそれであるよりは、封主の立場にますます近づくことになる。[15]

国のレベルにおいては、行政活動の契約化において、こうした封主権の回帰が確認できる。自らの上にのしかかる多数の任務の重みに押しつぶされた今日の福祉国家は、自分が直接引き受ける任務の数をなるべく減らして、他者の管理を私的オペレーターに委ね、それを自らが制定し任命した独立の権威の監督下に置こうとしている。[16] このような「調整」[17]と呼ばれる技術が、封主権の姿とともに蘇らせているのは、権力と権威の区別であり、古くからあるこの区別は、あらゆる権力を束ねあわせようとする封建的な手法の典型であり、これにより絶対主義や全能性のリスクが払いのけられている。

共同体法においてはこの封主権の回帰はなおさら明白である。諸々の欧州機構において発現している公権力が、主権者としての力でないことは言うまでもない。この力により加盟国に向けられる指令を、法律と混同することができないのは、先述の欧州憲法条約案の作成者たちがこの点においてどれほどの履き違えをしていようと変わりはない。この法秩序の本質的特徴とは、加盟国を欧州連合の封臣にすることであり、連合自身は市民たちに主権を発揮するための属性のほとんどを奪われているのである。言い換えれば、欧州の公権力は諸国民に対して間接的な力としてしか行使されず、この力は語の解剖学的な意味で「四肢《メンバー》」となった国家の媒介を必要としているのだ。一部の国際経済機関についても事情は同じであり、たとえば国際通貨基金（ＩＭＦ）が、諸国民の生活に対してその（おおよそ破壊的な）力を行使するのは、ＩＭＦの構造改革プログラムに従うことで自分の主権の一部を明け渡した諸国家の忠誠を介してである。こうしたプログラムは真の意味での契約にではなく、当該国がＩＭＦに宛てる趣意書《レター・オブ・インテント》の形で表明される忠誠の行為に基づいているのである。[18]

人による統治の回帰は人の身分にも影響する。あらゆる束縛から自由なデカルト的個人の形象は、主権国家の庇護のもとでしか発展しえなかった（デカルトのコギトが現れたのはボダンの主権論の四〇年後である）。確かにこうした形象が繁栄を謳歌できるのは、一般的かつ抽象的で万人に一律に適用できる法律だけが、人々の条件を司る場合のみである。各人の条件が契約的関係の粗密なネットワークの中における位置に依存するや否や、個人の意志の自律は衰退を余儀なくされる。国家が消滅あるいは腐敗すれば、個人の主権という幻想は雲散霧消する。自分よりも強い者に忠誠を誓わなければ、最低限の安全や自由にも到達できなくなるのだ。伝統的な社会でおなじみの、後ろ盾になる人の数で各人の重要性が推し量られるという状況の復活である。

このような法律から関係への移行こそ、新たな契約の拡大を特徴づけるのにふさわしい。この新たな契約はもはや当事者に何らかの決定事項の供与・実行・不実行を義務づけるだけが目的ではなく、一方が他方の期待に応えるよう振る舞うことを強いる関係の構築を義務づけるのである。この種の契約は、追放を脅迫されたり強要されたりした人々の職業身分の回復のために、頻繁に用いられるようになっている。しかしより一般的には、ある人を他の人の経済活動の組織に組み込もうとする契約すべてが、当事者の職業条件に遡及的に介入し、当事者同士の間に最低限の安定性のある関係を義務づけようとしている。この点を描き出すためには、企業法や流通法の全体を引き合いに出し、子会社化や下請け、外部委託などの技術の目覚ましい発展に触れなければなるまい。このような展開を誘導するために時として推奨される「契約的連帯主義」という概念[19]は耳に聞こえは良いが、社会法において連帯が持つに至った正確な法的意味を考慮に入れないのならば不適切である。問題となっているのはむしろ封建化の技術、御恩と奉公の技術であり、ある種の経済活動の搾取が、この技術により可能になるのである。譲受人は譲渡人の一定の支配下に入るかわりに、譲渡人はこの搾取の一定の経済的発展性の保証に努める[20]。これによりとりわけ、近代経済学が葬り去ったと信じていた問題、つまり「公正価格」の問題が、再び顔をのぞかせたのだ。

依存の限界

このような展開を嘆いても無駄であるし、国民国家と法による統治をまるごと回復できると考えるのも幻想である。新たな全面的依存状態の出現は、ピエール・ルジャンドルの言う「自己定礎する主体王」という錯乱に直面した法システムの免疫反応である。私たちのウルトラモダン社会のあちこちで実感されている苦悩の原因は、各人が自らの人生の至高なる統治者をもって任じるよう強要されているのに、各人の地位はもはや法律によって保証されておらず、各人が他人と結ぶ情緒的・経済的関係の強固さに依存していることである。ナルシシズムや鬱状態には最適な土壌だ。したがってこのような展開をきちんと認識して、できるだけそれをコントロールし、グローバル化のプロセスを支配している殺人的なユートピアと手を切ることが望ましい。目下の封建制の復活は、ヤクザ国家に結びつく可能性もあるが、各人の基本的な権利や自由は保障されたままの、穏便な依存国家に結びつくこともありうる。どちらに転ぶかは、世界の現状が求めている新たな限界を、私たちが描き出す能力にかかっている。

〈法権利〉における限界の技法とは、建築における扉や窓が持つ意味に対応する。扉や窓は外部に対する保護であると同時に、外部に対して開かれていなければならない。限界とは壁でも笊《ざる》でもなく、境界なき世界というユートピアからも、各人がバリケードに立てこもる世界という現実からも、私たちを守ってくれるものでなければならない。国際秩序について言えば、限界の感覚を取り戻すことは、国際貿易を社会正義に仕えるものとするための新たな境界を引くことにつながるだろう。市場経済を確固たる制度的土壌の上に建て直し、法システムではなく企業を競合させることが急務である。市場を定義するのは何よりもまず、法律の定めた限界の存在である。つまり欧州共同体の創設が目指したのは、まだ国内市場と呼ばれていたものの解消ではなく、拡大である。この創設の拠り所となったのは、すべての西洋諸国が物質的発展のための法的条件を整え、自らの経済的繁栄に必要な限りでしか国境を開かなくなるに至った、産業化の経験である。市場が「共通」になることには、企業同士の競争だけでなく、国家同士の連帯が伴う。このようなヨーロッパ建設の要石が取り払われたのは、加盟国および欧州委員会が〈全体的市場〉計画の利害関係者となったときからである。この計画とはつまり、世界中のあらゆる部門やあらゆる国で、資本および商品の自由な流通を妨げるものすべてを撤退しようとするプログラムである。このような限界なき拡大が、国家同士の連帯を破壊し、連合自体の中に各国法の競合を持ち込むことになるのは不可避だった。

商品と資本の自由な流通とは、それ自体が目的ではない。それが価値を持つのは、人間の境遇の改善に実際に役に立つときだけである。自由交換の作用が、人間の労働を豊かにし、困窮から救い出すか、あるいはその逆に、人間から労働を奪い、困窮に突き落とすかに応じて、この作用を拡大したり制限したりするのが、〈法権利〉の役割である。このような処方は最初の産業大国のものであるとともに、中国やインドが新興経済大国を自覚することを可能にしたものでもある。なぜ今日になってアフリカやヨーロッパにそれを禁じるのか？　これらの大市場間の商品流通のコントロールが、長期的な投資を呼び込むことになるのは、この市場では競争相手も同じゲームの規則に従うということが、企業に保証されているからだ。社会・環境規則に違反して作られた製品を別の市場に再輸入するためになされる、日和見主義的で一過性の投資は、むしろ水を差されるだろう。[21]

商事会社法に関する、別の手がかりをたどっておくことも意味があるだろう。たとえばオランダ法は最近まで、長期的に企業の利害に関係していると認められた資本家だけに、企業の指揮権の行使を限定していた。大陸ヨーロッパの伝統的な企業観に合致したこの法律は、[22]株主を二つのタイプに区別していた。つまり企業の長期的な成功に関心がある株主と、できるだけ高い収益をなるべく早く求める株主である。後者は農場経営にとってのイナゴの大群ほどに危険なものとなりうる。前者は会社の法的な自律性の原則に従うが、後者は会社の所有者であるかのように振る舞う（法的にはそうではないのに）。これら二つの株主の形態のどちらを会社法が優先するかは、解雇法の性格が保護的であるか否か以上に、雇用にとって重大な帰結をもたらす。株主の権力に新たな限界を画し、彼らが出資している企業の永続性を考慮に入れるよう義務づけることは、経済において決して失ってはならない第一の場所を、企業活動に取り戻させることにつながるだろう。

国家の衰退と比例して役割を大きくしている判事たちもまた、限界の感覚を保持する（または取り戻す）べきである。たとえば共同体の秩序において、欧州共同体司法裁判所（ＣＪＣＥ）が封主的な立場しか有さないのを確認することは、この裁判所が主権的審級のように振る舞い、いかなる文書によっても認められていない権限を我が物顔で手にしたときに、加盟国の上級裁判所が抵抗する勇気を与えてくれるだろう。フランスの破毀院やドイツの連邦労働裁判所（Bundesarbeitsgericht）が、欧州共同体司法裁判所によるラヴァル事件やヴァイキング事件の判決でのストへの訴えの禁止を（本書第三章参照）、欧州連合条約に定められた共同体の権限には属さず、フランスのスト権やＩＬＯの組合活動の自由についての基準にも反しているから、国内の判事に対して強制されるものではないと、決定することができるようにもなるはずだ。

ドイツの憲法裁判所は、このような国の裁判権の目覚めのサインを発した最初の法廷である。同裁判所は、リスボン条約の規定の綿密な検討を経て、欧州連合を蝕む「民主主義の構造的な欠落」を理由に、この条約の批准がドイツ市民の「投票権の有効性を保障する」法律の採択に従属すべきであり、連合が「自らに与えられた権限を越権することがない」ように「監視」すべきであるとみなしたのである。[23]

注

1　以下を参照。Alain Supiot, « L'inscription territoriale des lois », art. cit., p. 151–170.

2　「自らの求めるジェンダーに民籍を合わせる権利」の承認は、今日におけるフランス左派の優先事項のひとつである。（以下を参照。« Refusons la transphobie, respectons l'identité de genre ! », *Le Monde*, 16 mai 2009）。エルンスト・ユンガーは一九三二年に早くも、自由主義世界はすべての関係を解約可能な契約関係に変えようと努めており、その理想のひとつは「個人が自らの性別を解約して、民籍簿への記入ひとつで性別を決めたり変えたりできるようになれば、まったく論理的に達成される」と指摘している（*Le Travailleur, op. cit.*, p.158〔エルンスト・ユンガー『労働者　支配と形態』、前掲書、一五一頁〕）。

3　*Le Figaro économie*, 30 août 2005.

4　Robert Castel, *La Discrimination négative. Citoyens ou indigènes ?*, La République des Idées-Seuil, 2007.

5　Charles Taylor, *Multiculturalisme: différence et démocratie*, Flammarion, 1997; Axel Honneth, *La Lutte pour la reconnaissance. Grammaire morale des conflits sociaux*, Cerf, 2000〔アクセル・ホネット『承認をめぐる闘争　社会的コンフリクトの道徳的文法』、山本啓、直江清隆訳、法政大学出版局、二〇一四年〕; Nancy Fraser, *Qu'est-ce que la justice sociale ? Reconnaissance et redistribution*, La Découverte, 2005.

6　アメリカのケースについては以下を参照。Michael Piore, *Beyond Individualism*, Harvard University Press, 1995. カナダのケースについては以下を参照。Andrée Lajoie, *Quand les minorités font la loi*, PUF, 2002.

7　私生活尊重の名のもとでの人々の身分の自己決定への傾向については以下を参照。Claire Neirinck (dir.), *L'État civil dans tous ses états*, LGDJ, 2008; Jean-Louis Renchon, «Indisponibilité, ordre public et autonomie de la volonté dans le droit des personnes et de la famille », in Alain Wijffels (dir.), *Le Code civil entre ius commune et droit privé européen*, Bruylant, 2005, p. 269 *sq*.

8　Christopher Lasch, *Culture of Narcissism: American Life in an Age of Diminishing Expectations*, 1979, trad. fr. *La Culture du narcissisme: la vie américaine à un âge de déclin des espérances*, Flammarion, 2006〔クリストファー・ラッシュ『ナルシシズムの時代』、石川弘義訳、ナツメ社、一九八一年〕.

9　CEDH, 11 juillet 2002, aff. *Christine Goodwin c/ Royaume-Uni* (n° 28957/95).

10　以下を参照。Habib Y., « Halal, haram, sport panarabe », *Le Temps* (Alger), 19 septembre 2008.

11　Pierre Legendre, *Les Enfants du Texte. Étude sur la fonction parentale des États*, Fayard, 1992, p. 352.

12　Jean Bodin, *Les Six Livres de la République*, éd. 1583, présentée par G. Mairet, LGF, 1993.

13　以下を参照。Manuel Castells, *La Société en réseaux*, Fayard, 1998; François Ost et

Michel van de Kerchove, *De la pyramide au réseau ? Pour une théorie dialectique du droit*, Publications des facultés universitaires Saint-Louis, 2002; Günther Teubner, *Netzwerk als Vertragsverbund. Virtuelle Unternehmen*, Nomos Verlag, 2004〔グンター・トイブナー『契約結合としてのネットワーク』、藤原正則訳、信山社、二〇一六年〕.

14　Aziz Al-Azmeh, « Chronophagous Discourse: A Study of Clerico-Legal Appropriation of the World in an Islamic Tradition », in Franck E. Reynolds et David Tracy (éd.), *Religion and Practical Reason*, State University of New York Press, 1994, p. 163 *sq*.

15　主権者がすべての臣下＝主体に直接行使できる最高権力の保持者であるのに対して、封主は自分の封臣だけを掌握しているにすぎず、封臣の封臣に対しては無力である。（以下を参照。Jean-François Lemarignier, *La France médiévale. Institutions & société*, Armand Colin, 1970, p. 256 *sq.*）

16　国務院（Conseil d'État）による以下の公式報告書を参照。*Les Autorités administratives indépendantes*（2001）; *Le Contrat, mode d'action publique et de production de normes*（2008）.

17　以下を参照。Marie-Anne Frison-Roche, *Règles et pouvoirs dans les systèmes de régulation*, Dalloz, 2004.

18　これらの趣意書はＩＭＦのサイトで公開されている。www.imf.org/external/index.htm.

19　以下を参照。Denis Mazeaud, « Loyauté, solidarité, fraternité: la nouvelle devise contractuelle ? », in *L'Avenir du droit. Mélanges en hommage à François Terré*, PUF-Dalloz et Juris-Classeur, 1999, p. 603 *sq.*; Christophe Jamin, « Plaidoyer pour le solidarisme contractuel », *in Études offertes à Jacques Ghestin*, LGDJ, 2001, p. 441.

20　契約に定められていない場合の価格決定の濫用を罰する判決が出されるようになっている（Cour de cassation, assemblée plénière, 1er décembre 1995, *Bulletin civil*, 1995, n° 9）。以下を参照。Marie-Anne Frison-Roche, « De l'abandon du carcan de l'indétermination à l'abus dans la fixation du prix », *Revue de jurisprudence de droit des affaires*, 1996, chron. 3; Muriel Fabre-Magnan, *Contrat et engagement unilatéral*, PUF, 2008, p. 356 *sq*. 同様に以下も参照。Aymon de Senarclens, « La maxime "pretium debet esse verum, certum, iustum" », *Mélanges Paul Fournier*, Sirey, 1929, p. 685.

21　諸々の大規模な大陸連合による穏便な保護主義の回帰については以下を参照。Jean-Luc Gréau, *L'Avenir du capitalisme*, *op. cit.*, p. 212 *sq.*

22　以下を参照。Donald Kalff, *L'Entreprise européenne: la fin du modèle américain*, Vuibert, 2005.

23　二〇〇九年六月三〇日の決定（n° 72/2009）。同裁判所のサイト（www.bundesverfassungsgericht.de）で閲覧可能。この重要な決定は知らされたばかりであり、フランスのメディアでは真面目に取り上げられていない。英語の分析についていえば、以下の雑誌で特集が組まれている。*German Law Journal*, vol. 10, n° 8, 2009〈www.germanlawjournal.com〉.

第六章　節度の感覚

正義の実践には節度の感覚が必要であることを理解するためには、アリストテレスにまでさかのぼる必要もない。[1]『学説彙纂』による古来の定義によれば、〈法権利〉とは「善と公平の技法（Jus est ars boni et æqui）」であり、正義とは「各人にそれぞれのものを与えようとする確固たる恒久的な意志である（Iustitia est constans et perpetua voluntas ius suum cuique tribuendi）」から、それらの実践には、何が各人に帰されるべきであるのかを、推し量る（mesurer）ことが不可欠である。「過度」と「不十分」のちょうど真ん中を定めることが、節度（mesure）を示すことである。このためには一方で事実を正確に表象し、他方でそれらの事実を評価できる、つまりそれらを価値システムに照らし合わせることができなければならない。あらゆる節度にはこのように認識的と規範的という二つの次元が備わっているが、数学的もしくは宗教的な規範とは異なり、〈法権利〉の規則は不可侵ではなく、むしろ不足や過剰の経験に応じて評価されなければならない。節度の感覚を保つためには、あるべきことについての定義と、現状についての認識とを、絶えず突き合わせる必要があるのだ。

計量化の幻影から逃れるためには、このような初歩的な前提に立ち戻らなければならない。目下のところ私たちは、数によるガバナンスという白昼夢の中を生きているので、経験の理解や照合の必要がないため、判断するにも思考するにも及ばないのだという。こうした夢が悪夢に転じるのは必然的である。ある仕事の「評価」を、その仕事の単独的経験から切り離されたパフォーマンス指標で行ったつもりになるのは、破壊的、空想的かつ病的である[2]。「市場の自発的な秩序」に帰結する所得の分配の正義を前提にすれば、正当化の余地のない極端な不平等を拡大することになる[3]。普遍的妥当性が前提とされるマクロ経済学的な指標に応じて、公共政策を変動させるというのは、記号に対するフェティシズムの為せる技であり、そのようなフェティシズムが、指導層と、彼らが統治するとされる人々や事実とを切り離している[4]。

歴史的に見れば、諸々の計測単位が人間の経験全体から徐々に切り離されていったのは、現代科学の発展および資本主義の到来と歩みをともにしていた。たとえばメートル（一九八三年からは光が真空中を一秒の二九九七九二四五八分の一の時間に伝わる行程の長さと定義された）のような、一般的で抽象的な計測単位が、フィートやアンパン〔親指と小指とを張った長さ〕、里やボワソー〔かつての容量単位で、およそ一二・七リットル〕などの、人体や計測物の性質に対応する様々な大きさの単位を徐々に消滅させていった。[5] このような「脱人間化」は、天体の運動や粒子の形態のような、自然現象を観察・説明するためならば完全に正当だが、エクメーネすなわち人間の生存環境[6]を表象する場合には、倒錯的影響をもたらさずにはおかない。たとえば土地をヘクタールで測ることで、ある一ヘクタールが質的な観点からすれば他の一ヘクタールとは同じでないということが見落とされてしまうが、ジュルノー（journau）やボワスレ（boisselée）のような――その土地の活用に必要とされる労働の日《ジュルネ》数や種子の量《ボワソー》に対応した――「古風な」農地の単位は、土壌の質により大きさを変化させることで、そのことを説明していたのである。[7] ましてや「各人にそれぞれのものを」返し、人間同士の平等を確立する際には、現実離れした計測単位の「脱人間化」は、常軌を逸したものともなりうるのだ。この領域で意味あるものとなりうるのは、プロタゴラスの「人間は万物の尺度である」との原則のみである。

　このような節度の感覚を取り戻すためには、経済的パフォーマンスの評価システムの只中に、人間の境遇を据え直さなくてはならない。これを目指すためには、フィラデルフィアで提起された二つの要請に立ち返ることが望ましい。第一は社会正義という目的であり、この目的が法秩序の正義を評価するための計測単位としての地位を取り戻すことにより、「国家ならびに国際の政策および措置はすべて、特に経済的・財政的性質をもつものは、この見地から判断することとし、この根本目的の達成を促進するものであり、妨げないものであると認められる限りにおいてのみ、是認されることとしなければならない」（フィラデルフィア宣言、第二条c）。第二には、社会民主主義の要請であり、この要請によって上記のような評価は多様な経験のなかに根を張ることになり、「労働者および使用者の代表者が［…］一般の福祉を増進するための自由な討議および民主的な決定に参加する」（フィラデルフィア宣言、第一条d）ことが不可欠となる。

計測単位。社会正義という目的

正義のための諸目的を尺度として経済パフォーマンスを計測するというのは、単純にして良識的な発想である。だからといってそれがフィラデルフィア宣言に導入されたことが革命的でなかったことにはならない。国際労働機関の目的に関する宣言と題されたこの宣言にとって、〈法権利〉は単に侵犯してはならない規則のシステムであるだけではなく、到達すべき目標の集合でもある。「国家政策・国際政策の中心目的」とは、「自由および尊厳ならびに経済的保障および機会均等の条件において、物質的福祉および精神的発展を追求する」（フィラデルフィア宣言、第二条a）すべての人間の権利の実現である。このような進むべき道としての規範性という考え方は、とりたてて驚くべきものであったわけではない。〈法権利（Droit）〉という語自体が、方向（direction）という意味を示唆する中世ラテン語 directum に由来している。これは他の文明にも馴染みのある考え方であり、たとえばインドのマリヤーダー（maryādā）という概念は、到達すべきであると同時に超えてはならない標的、つまりは行為の目標と限界を一挙に意味している。[8]

しかしこのような目的論的着想（つまり〈法権利〉をその目的から定義する）は、正義の理念への準拠すべてを、諸々の規範の配管図の作成に終始する「法科学」の中に片付けたつもりの、西洋実証主義版の聖典《ウルガタ》と真っ向から衝突することになった。戦後に導入された目的という概念のたどった両義的な運命は、これにより説明がつく。この概念は社会領域に導入されることになったが、この領域では目的という理念が国家にあてがわれると、それは保守的な法学者たちによる正面からの批判を受け、そうした法学者をすぐに引き継いだウルトラリベラルたちは、社会法が計画的な法、つまり法律らしさ《ジュリディシテ》を欠く偽りの法だと言って非難した。[9]これはたとえば一九五〇年に調印された人権と基本的自由の保護のための条約の領域から、大半の社会法が除外されるという、欧州における重大な法的帰結を招いた。社会法はその十年後に、規範的な力を実質的に持たない社会憲章の中に追いやられることになるだろう。

これに対して経済・金融の領域では、規範性の目的論的な着想が紛れもない勝利を遂げた。社会正義の目標の実現を計測するためではもちろんなく、市場の「自発的な秩序」を尊重させるためである。ＩＭＦによって貧国に課される構造調整プログラムや、ユーロ圏の加盟国に課される経済収斂基準、[10] あるいは欧州委員会が定める経済政策ガイドライン（ＧＯＰＥ）が、この種の規範性のもっとも有名な例であり、そのあからさまな目的のひとつが、労働収入の上昇（インフラ誘引的であるとされる）を抑え、そのかわりに資本収入の上昇（「価値の創造」と言い直される）を推進することである。だがこのような目的規範性は、欧州共同体司法裁判所の判例にも用いられているのであり、同裁判所は貿易自由化という目的への準拠を、国内法の規制緩和のための主たる道具としたのである。この規制緩和は、労働や消費、社会保障や税制、公共サービスなどの領域に及ぶ。[11] こうして目的規範性は、本来の構想理由だった社会正義の進展に対して、反旗を翻すものとなってしまったのだ。

このような転向によって明らかになるのは、社会正義の諸目的に対して、法律らしさを欠いていると訴えるのは、悪意ではないにしても、慢心であるということである。到達すべき目標であると同時に超えてはならない限界でもあるからには、目的とは、法廷で引き合いに出されうるような強制力を常に備えている。ある国内法が貿易自由化目標に適合していないと訴える原告の正しさを認めた共同体の判例すべてが、その証人である。社会正義が欧州連合にあてがわれた根本目的の一部をなしているのなら、たとえば共同体の判事が、普通の家庭・社会生活と相容れない労働時間の組織――日曜休業の廃止のような――を推奨する国内規定に対して、件の目的に反するものだと宣告するのを、妨げるものは何もないはずだ。そこで欧州人権裁判所（ＣＥＤＨ）は果敢にもこの道を進むことを選び、「文明国が認めた法の一般原則」に依拠しつつ、ＩＬＯ基準や欧州連合基本権憲章を含めた、国際的ないし欧州の労働基準すべてを統合しながら、人権と基本的自由の保護のための条約を解釈するという方法を採用している。[12] 人権の不可分性の原則に適ったこの方法によって、同裁判所は、基本的な社会権の尊重を命じることができているが、その傍らで欧州共同体司法裁判所は、これらの権利を骨抜きにしようと必死である。[13] 今ではこれらの二つの超国家的裁判所の対立は明白であり、この対立を解決するための最良の方法はおそらく、欧州評議会が欧州人権裁判所に確固たる法的基盤を与え、基本的社会権の番人という新たな役割を自負できるようにすることであろう。フィラデルフィア宣言から今日に至るまで、様々な国際的法文書に述べられてきた、社会正義の諸目的に目を光らせる役割が、欧州人権裁判所の権限となる暁には、社会的ヨーロッパという語も空虚なものではなくなるだろう。これらの目的は権利だけでなく義務の源でもあり、こうした権限によって、たとえば連帯の原則の適用により、国家による社会法制や税制のダンピング、あるいは企業が自らの活動に関係する税金や社会保険料を免れようとしての法漁《ロー・ショッピング》りのような手口――欧州共同体司法裁判所により目下推奨されている――は、処罰ができるようになるだろう。こうした手口は競争の公正さや税権に対する侵害であるばかりでなく、一九四八年の世界人権宣言で確立した経済・社会領域の人権に対しての、より根深い侵害を構成しているのであるから、そのことが認められ、抑止されるべきである。

節度の実践と代表形式の多様性

社会正義とは行動原則である。つまりその実践とは事実の正しい表象＝代表に依拠するものであり、既定の規則のシステムの適用に還元されるものでは決してないということである。社会法の特徴のひとつは、戦前にこの法に真面目に取り組んだ最初の法学者たちがきちんと理解していたように、それが規則の適用の場であるのと同じくらいに、発見の場でもあるということだ。様々な利害の衝突と和解からこそ、各人の権利と義務の正しい分配の定義は生まれうるのであり、その定義は常に暫定的で取り消し可能である。コモン・ローの伝統にはきわめて馴染み深いこの帰納的な方法は、ローマ＝カノン法に由来する法典編纂の伝統では異物とみなされる。コモン・ローの判事とは、様々なケースの多様性の経験に照らして規則を見出す判事である。このような経験を代表するのが判事であり、こうした経験こそが判事に〈法権利〉を述べる正当性を授けている。これに対して大陸の伝統では、判事とは原則として――モンテスキューの有名な言葉を借りれば――「法律の言葉を発する口」でしかない。彼が判決を下すのは、たとえば「フランス国民の名において」であり、つまりフランス国民を合法的に代表しているのであるが、その判決とは、唯一の国民代表の場である国会で可決された法律に込められた国民の意志の適用なのである。

しかしながら、社会正義の実現のために協働する諸々の代表システムを、こうしたかつての代表形式の中に位置づけることは、容易なことではない。社会的紛争の解決に調停を義務づけようとの試みが失敗したことは、かつての判例の上に成り立つ経験を、法律家たちが体現することに基づく代表との違いを浮き彫りにしている。むしろ議会代表制から、法の規則が正しいものであるためには、その規則が向けられるすべての者の代表を経なくてはならないという、優れて民主的な理念が借り受けられているのである。だが議会代表制とも異なり、社会民主主義が基づいているのは、個人的かつ計量的（一人一票）ではなく、集合的かつ質的（利害グループ一つにつき一票）な土台である。つまりかつての代表形態（アンシャン・レジームの全国三部会のような）との復縁がなされているのであり、これらの形態が目指していたのは、多数決という技術により全会一致という擬制《フィクション》に裏付けを与えるよりも、社会の諸条件の多様性に忠実なイメージをもたらすことだった。ピエール・ロザンヴァロンが反射的適法性と呼ぶもの[14]を打ち立てるこの社会民主主義は、多数派を導き出すのではなく、ある時点の、特定の状況下において、もっとも正しい、あるいは可能な限り不当ではないものについての合意を得ることを目指している。同じ事実から異なる経験をする諸々の利害グループ間の質的違いの検証を経て、この社会民主主義は、これらのグループの平等を前提とするのではなく、グループ間の力のバランスを制定することで、平等を構築するのである。たとえばスト権の確立や、近年フランスの団交では労組代表に過半数原則が導入されていることは、このようなバランスの実現の試みである。社会民主主義の庇護のもとでの団体代表権・団体行動権・団体交渉権は、力関係を法関係に変換するメカニズムでもあるのだ。

こうした差異にもかかわらず、議会制民主主義と社会民主主義は、ひとつには人間の経験をその多様性において表象＝代表しようとしている点で、もうひとつには言葉の集会[15]を開催してそこから正しい決断を引き出そうとしている点で共通している。ところが「ガバナンス」に特有の代表形態では、経験を反映するよりも事実を計量化することが目指される、つまり語ることよりも数えることが問題であるので、このようにはいかない。会計、統計、指標こそが、このような数字による世界表象の主要な三形態である。三形態のそれぞれが、自身の正当性と、それぞれに固有の有効領域を備えている。会計は財政的資産や法人の収支の「忠実なイメージの反映」[16]を目指す。統計《スタティスティック》は、その名が示すとおり、国家に社会の科学的表象を授けることを目指す。[17]諸々の指標はといえば、福祉国家の誕生とともに発達したそれらは[18]、社会という身体の「生理学」の指数であると同時に、国家が社会体に対して行使する行動を誘導するための指示でもある。これらの計量的な社会表象の諸形態の発達は、人間の事象を科学的に管理したいという渇望に端を発している。このことは強みであると同時に危うさでもある。強みであるのは、世界表象の客観化の努力に起因するこれらの形態は、採用すべき正しい規則についての合意形成を容易にしてくれるからだ。危うさであるのは、こうした表象の科学性についてのドグマ的な幻想にさらされているからだ。だが科学的な計測学が、測量技師から独立した、あらかじめ存在する現実の表象を目指すのとは異なり、会計学や統計学の諸カテゴリーは、質的に異なる状況を同一の量に結びつけるという、等価性の合意を切り札とすることで、自らが記述するカテゴリーを発明しているのである。[19]つまりリスクとなるのは記号のフェティシズムであり、数字を物自体とみなすことで、計量化の幻影の前にさらけ出され、現実から徐々に切り離された統計的・会計的なスコアの改善ばかりに、行動が向けられてしまうのだ。[20] 金融市場の破綻、より一般的には今日において企業や国家の管理を支配する数によるガバナンスが迷い込んだ袋小路は、私たちの前に姿を現した、こうしたリスクの現実化なのである。

このような文脈にあって、社会正義の要請と復縁することは、労使間対話や、ＩＬＯの制定した三者構成原則の利点を喧伝するだけにはとどまりえない。グローバル化の諸効果の具体的な経験を、社会正義という目的の視点から、絶えず念頭に置くための条件を作り出す必要があるのだ。このためには社会民主主義を現在それが閉じ込められているゲットーから救い出し、現代世界における労働形態の多様化に配慮しながら、リニューアルしなければならない。これに達するための最大の困難は、「法律と契約の分節」をめぐる論争から連想されることとは異なり、社会民主主義と政治的民主主義との絆を築き上げることではない。真の問題がそこにないわけではなく、条件はすでに整えられており、この「分節」（実際にはむしろ交雑）を確実にするための制度的なメカニズムも多数登場している。喫緊の課題とは、一方にあるこれら討議的代表制の二形態と、他方にある世界情勢の計量的な表象＝代表との間との関係を築くことである。後者はガバナンスのイデオロギーによりフェティッシュ化され、討議的なプロセスを丸ごと免除された表象＝代表である。「人間開発指数」という、世界をより良くしようという意図のもとに作り出され利用されている指標も[21]、各地の状況を無視した規範性を世界全体に投射するや否や、この欠点を免れることができなくなる。一般的で抽象的な用語で「児童労働」を禁止し、就学率から「人間開発指数」をはじき出せば、子供たちから伝統的な知の伝達方法を取り上げて、巨大な納屋に大量に詰め込み、たったひとりの教師に相手をさせることになりかねない。実際の教育環境は大きく悪化するのに、国際機関の目には、その国のスコアが改善したように映るのだ[22]。

民主主義が計量化の技術を社会正義に役立つものに戻すための手法について、ヒントを与えてくれる例が二つある。ひとつ目の例は会計標準化に関係している。会計標準化は、企業の短期的な財政パフォーマンスをベンチマーキングする手法に成り下がった。人々の活動は貸方に登録され、経営陣に自分たちの責任を思い起こさせる機能を果たさなくなった[23]。これには企業の状況について誤ったイメージを与え、現実経済とは乖離した「価値の創造」のための競争に、企業を駆り立てるという、副作用がある。戦後フランスに導入された、賃金労働者の代表の会計情報を確保するための法的規定は有益だが、関係してくるのは会計基準の決定の後でしかない。正しい富の分配を決定する規範的選択の説明になるものであるにもかかわらず、会計基準からは、民主的な討議のすべてが抜け落ちているのである。議会的代表と組合的代表を結びつける議論を省略できるような「会計的真実」など存在しない。[24]二つ目の例は国際的な労働基準に関係する。ＩＬＯの基準とは規則の商店のようなものであり、国家（そして場合によっては「社会的責任」に不自由している多国籍企業）はそこで買い物をして、自分が従う規則を選ぶよう促されている。社会正義を目的の観点から、政治行動を誘導するものとして定義し、単なる適用すべき規則とはしなかったフィラデルフィア宣言の新しさは、尊重されることがなかった。これの尊重のためには新たなタイプの規範の練り上げが必要となるだろう。それは一方で国がディーセント・ワークの概念に基づく諸々の指導原理を採用しつつ、他方で国家が国際的金融機関と協力しながら、労働者の代表組織との協議を踏まえて、それらの原理を実現させるための地域的・国家的条件を契約により定義することの二つを組み合わせた練り上げである。[25]こうした協議が、地域の状況に根ざした、上記の実現の進展を説明できる指標の定義にまでかかわるべきである。社会正義の目的の普遍性と、地域的な労働経験の表象＝代表との組み合わせこそが、賃労働と「人間開発」のパラダイムを世界全体に投影することを回避させてくれるだろう。

注

1 以下を参照。Aristote, *Éthique à Nicomaque*, V, 6〔『アリストテレス全集15　ニコマコス倫理学』、神崎繁訳、岩波書店、二〇一四年、一九一頁〕. 以下も参照のこと。Michel Villey, *Le Droit et les Droits de l'homme*, PUF, 1983, p. 52 *sq*.

2 以下を参照。Christophe Dejours, *L'Évaluation du travail à l'épreuve du réel: critique des fondements de l'évaluation*, *op. cit*.

3 国際労働事務局によるショッキングな調査結果を参照のこと。*Rapport sur le travail dans le monde 2008: les inégalités de revenu à l'épreuve de la mondialisation financière*, OIT, 2008, http://www.ilo.org/public/english/bureau/inst/download/world08.pdf〔二〇一九年三月一六日現在リンク切れ。フランス語の要約版は以下。https://www.ilo.org/public/french/bureau/inst/download/summf08.pdf〕.

4 以下を参照。Robert Salais, « Usages et mésusages de l'argument statistique: le pilotage des politiques publiques par la performance », *Revue française des affaires sociales*, 2009.

5 以下を参照。Franck Jedrzejewski, *Histoire universelle de la mesure*, Ellipses, 2002.

6 この概念については以下を参照。Augustin Berque, Écoumène. Introduction à l'*étude des milieux humains*, *op. cit*〔オギュスタン・ベルク『風土学序説』、前掲書〕.

7 以下を参照。Witold Kula, *Les Mesures et les Hommes*, Maison des sciences de l'homme, 1984, p. 38 *sq*.

8　以下を参照。Charles Malamoud, *Une perspective indienne sur la notion de dignité humaine*, conférence, Institut d'études avancées de Nantes, avril 2009.

9　こうした使い古しの繰り言を新たに唱える者には事欠かない。たとえば以下を参照。Jean-Philippe Feldman, « Le comité de réflexion sur le Préambule de la Constitution et la philosophie des droits de l'homme », *Recueil Dalloz*, 2009, p. 1036.

10　欧州連合条約第一二一条第一項。問題となるのは次の四つの数値基準である。物価の安定、財政状況、為替レート、長期金利レート。

11　本書第三章を参照。

12　CEDH（Grande Chambre), 12 novembre 2008, *Demir Et Baykara c/ Turquie*（no 34503/97). スト権保護にこの方法を用いた以下も参照。CEDH, 21 avril 2009, *Enerji Yapi-Pol Sen c. Turquie*（no 68959/01).

13　本書第三章を参照。

14　Pierre Rosanvallon, *La Légitimité démocratique. Impartialité, réflexivité, proximité*, Seuil, 2008.

15　このきわめて示唆に富む概念は以下に負うものである。Marcel Detienne, *Comparer l'incomparable*, Seuil, 2000, p. 105 *sq.*; *Id.*（dir.), *Qui veut prendre la parole ?* Seuil, « Le genre humain », 2003.

16　「真実かつ公正な概観（true and fair view)」という英語の概念の翻訳であるこの法的な定義については以下を参照。Yannick Lemarchand, « Le miroir du marchand », in Alain

Supiot（dir.）, *Tisser le lien social*, *op. cit.*, p. 213 *sq.*

17 統計の語源であるドイツ語の Statistik は、Staat〔国家〕から派生している。

18 以下を参照。Alain Desrosières, « Refléter ou instituer. L'invention des indicateurs statistiques »（1997）, repris in *Pour une sociologie historique de la quantification*, *op. cit.*, p. 187 *sq.*

19 雇用の場合については、次の領域開拓的な著作を参照。Robert Salais, Nicolas Baverez, Bénédicte Reynaud, *L'Invention du chômage*, PUF, 1986.

20 本書第三章参照。

21 以下を参照。Jean Gadrey et Florence Jany-Catrice, *Les Nouveaux indicateurs de richesse*, La Découverte, 2007.

22 マリのケースについては以下を参照。Ousma Sidibé, « Les indicateurs de performance améliorent-ils l'efficacité de l'aide au développement ? », *Journal de l'Institut d'études avancées de Nantes*〈www.iea-nantes.fr〉.

23 この点については以下の説得力ある証明を参照。Samuel Jubé, *Droit social et normalisation comptable*, thèse, *op. cit.*

24 以下を参照。Bernard Colasse, *Les Fondements de la comptabilité*, La Découverte, 2007, p. 77 *sq.*

25 以下を参照。Alain Supiot（dir.）*Protection sociale et travail décent. Nouvelles perspectives pour les normes internationales du travail*, numéro spécial de la Semaine sociale Lamy, 2006, n° 1272.

第七章　行動の能力

調整とガバナンスによるサイバネティックス的世界において、人間は行動しない。自分が組み込まれた情報システムから受け取る信号に反応するだけである。語り合うこともせずに、これらのシステムを用いてコミュニケーションする。このような行動から反応への、会話からコミュニケーションへの漸進的な移行は、「経済発展にすばやく対応できる」（欧州連合条約第一二五条）ことが期待される、従属的な労働者たちだけに割り当てられているのではない。組織のヒエラルキーの最上部にまでそれは及んでいるのだ。企業のトップは金融市場のサインに反応し、政治指導者は世論調査に反応する。地位が上がるほど会話の余地はなくなり、「コミュニケーション」が求められる。

行動の能力を取り戻すためには、ここでもまたフィラデルフィア宣言に立ち戻る必要がある。この宣言によれば経済の繁栄に必要なのは自由な人間であり、フレキシブルな人間や反射的な人間ではない。この宣言とともに、「表現および結社の自由は、不断の進歩のために欠くことのできない条件である」（第一条b）ことや、「すべての人間は〔…〕自由および尊厳ならびに経済的保障および機会均等の条件において、物質的福祉および精神的発展を追求する権利をもつ」[1]（第二条a）ことを認めるのなら、国家および国際機関が追求すべき目標とは、労働者を「雇用しやすく」することではなく、「自らの技能や知識を最大限に提供でき、一般の福祉に最大の貢献をすることができるという満足」（第三条b）を彼らにもたらすことであると認めるべきである。このように労働における自由が強調されたことは、一九四四年にはきわめて斬新なことだったのであり、それは産業社会の創設の取り決めを断ち切るものだった。この取り決めによれば労働における自由の放棄は政治的にではなく技術的にやむをえないことで、社会正義とは富の創造ではなく分配においてのみ実現されるべきものだった。レーニンがそれをまだ「科学の大いなる進歩」[2]と見ていた戦前に、テイラーシステムに立ち向かうというのは、シモーヌ・ヴェイユの例外的な慧眼と、彼女自身の工場労働者としての経験が必要だった。[3]ブルーノ・トレンティンが名著『労働都市（La città del lavoro）』で明確に示したように、[4]労働組合や左翼政党は、社会主義の地でも資本主義の地でも、労働者が従うべきなのは、正義ではなく効率の要請のみに由来する科学的な労働組織であると、早くから考えていたのだ。一方で大企業は、一九二九年の危機の後に、賃金労働者たちの収入と経済的保障を改善することが、正当であるだけでなく、生産性や販路拡大の観点から見ても有効な目的であるとの考えを取り入れるに至った。

上記のような創設の取り決めは三〇年前から断ち切られている。その原因が資本の自由な流通と、先進国・途上国の労働者たちの全面的な競争化であるのは確かだが、技術の進歩や、それが労働の性質や組織化に与える影響のためでもある。政治的・組合的な左派はこうした新たな状況について考える能力がないので、かつての時代の成果への固執と、労働者の不安定化や貧困化への「社会的寄り添い」[5]との間で揺れ動いている。とはいえ改革とは、社会政策の歴史においてこの語が得た意味によるならば、世界の不正義に適応することではなく、不正義を後退させるための理論的・実践的方法を手に入れることである。「フォード方式」の産業モデルの危機について考察するのは、どうすればそれが労働関連の保障の解体と弱者の歯止めなき搾取への回帰ではなく、できるだけ多くの人々の境遇の改善へとつながるのかを明らかにするためであるべきである。こうした解体が個人の「自由」の名のもとに推進されるのは言うまでもない。つまり協約上の賃金表よりも安い支払いを受ける自由や、一五時間労働する自由、決して定年退職しない自由、日曜日にも子供と過ごすよりも働く自由、法廷で自分の権利を認めさせるのをあきらめる自由、売春する自由、等々である。同じような言葉の意味の倒錯は、「仕事の価値」〔給与を上げるためではなく資本への課税を減らすために引き合いに出される〕や「価値の創造」〔労働ではなく、企業が食いものにした金から得られた収入について〕、「粉飾決算（comptabilité créative）〔直訳すれば「創造的会計」〕」と言うかわりに用いられる〕においても見受けられる。オーウェルが看破していたように[6]、このような言語の変成は、単一思想体制に典型的であり、言葉にその意味を取り戻させることが、未来の手綱を自分で握り直すための第一歩だ。ウルトラリベラル革命のエピゴーネンたちが振りかざすＴＩＮＡ（There is no alternative〔他に選択の余地はない〕）のスローガンとは対照的に、産業的雇用モデルの危機とは、私たちを選択に直面させる。問題なのはこの選択が政治的な場面に登場してこないことだ。

シモーヌ・ヴェイユは一九三〇年代に早くも、自らの労働者体験から以下のような教訓を引き出していたが、当時は人々の耳に届かなかった。「企業と企業を掌握する人々に対する労働者の完全なる従属は、工場の構造に基づくのであって、私的所有の体制に基づくのではない」[7]。こうした産業構造は、資本主義の地でも共産主義の地でも、労働の科学的組織化に内在的なものであると考えられており、その代価として労働者に一定の物質的安定をもたらすとされたのが、「フォード方式の取り決め」である。このことにより、「物が人の役を演じ人が物の役を演ずる」[8]という労働観が問い直されずにすんでいたのだ。「フォード方式」の取り決めが崩れ落ちたことで、人間の従属やプログラム化ではなく、自由や責任に基づいた新たな社会的取り決めを目指すことが可能となる。これこそが一〇年前に、労働の変質とヨーロッパにおける労働法の未来についての欧州委員会の問いかけに答えて出された報告書「雇用を超えて」において推奨した方向性である。[9]この報告書は、生涯にわたっての真の選択の自由の行使と、ある労働状況から別の労働状況への移行、そして私生活と職業生活の調和を可能にする、人々の新たな「職業身分」の基礎固めをするものだった。もはや労働契約が長期的な経済的保障を支えるものではないとすれば、そのような保障を確保してくれる職業身分を、労働者たちに与えなければならない。このように「雇用を超えた」労働を考察することは、雇用の消滅を告げるものではまったくなく、雇用が労働身分の主要な部分であり続けることに変わりはない（「フランスを超えた」労働問題を考えるべきであるということが、フランスの消滅を意味しないのとまったく同じように）。単にそれは雇用がすべての人に地球規模でディーセント・ワークを保障するに足る規範的枠組みを、もはや提供していない（かつて提供していたとすれば）ということを意味するだけである。

確かにこの省察は労働組合の行動目標の刷新に貢献し、「職業の社会保障」（ＣＧＴ〔労働総同盟〕）や「キャリアパス保護」（ＣＦＤＴ〔フランス民主主義労働同盟〕）として表明されるようになっている。しかしながら欧州の諸機構はこの省察が土台としているシンプルな考え方を我が物とすることができなかった。つまり人がいなければ富もないということ、そして人よりも物を上に置く規範秩序は持続不可能であるということである。人間の制定は、まず人間と物との関係の定義から出発しなければ、人間たちの行動に意味を与えることができない[10]。人々の職業身分や、社会的引出権のようなコンセプトの出発点にあるのは、このような基本的な考え方であるが、この考え方と真っ向から対立するのが、経済を人間の必要に合わせるのではなく人間を市場の必要に合わせることこそが課題であると考える信条である。とりわけ優先されるのが金融市場の必要であり、それが計算による調和を人間活動の全体に行き渡らせるとみなされている。金融を規制することこそが喫緊であったはずなのに、欧州委員会は——もっとも他の大きな国際的金融組織も同様だが——ただひとつの強迫観念とスローガンしか持ち合わせていなかった。つまり「生産組織の絶え間ない再編」の要請に人々を適応させ、カジノの状態に貶められた経済のプレイヤーたちにとっての「価値の創造」を最大化する、「労働市場の改革」である[11]。こうして雇用保護に特有の「硬直性」の告発は、欧州委員会の近年の刊行物でもけたたましく復唱されている。二〇〇六年の欧州委員会グリーンペーパー「労働法の近代化」では、同委員会が秘密を握るニュースピークを使って、加盟国の「エリート」たちの間でも政治心情を問わずに通用しているこの出来合いの思想が繰り返されているのだ。

これとは逆に、フィラデルフィアの精神と復縁するために必要なのは、「自らの技能や知識を最大限に提供でき、一般の福祉に最大の貢献をする」状態に、労働者たちを間違いなく置くことである。つまりそれは彼らに行動する自由を行使するための具体的な方法を与えることだ。自由に行動することは従うことや反応することではなく、何らの経済的保障も享受していない者は自由に行動することができない。行動には行動の能力が前提であり、国家や国際機関が自らの目標とすべきなのは、あらゆる者の能力を支え、各人が自らに固有の特性を表現できるようにすることである。

法的な意味では、人の能力とは債務に同意する適性のことである。言い換えれば、能力には人の身分にも債権法にも属しているという特徴がある。契約当事者のアイデンティティや適性を省略してしまえるような単なる仕組みとして契約を考えることは、能力からの要請により禁じられる。つまりこの禁止の維持こそ世界規模で市場経済が持続するための条件であると考える人々の関心事と、それは合致しているのである。能力とはローマ法に由来しているので、欧州諸国に共通の法的遺産の性質を帯びているという利点がある。このため能力はコモン・ローの地でも大陸ヨーロッパでも意味をなすが、「ケイパビリティ[12]」

や「人の職業身分」といった概念では、いずれかの法文化に根づいているためこうはいかない。つまり能力の概念は共同体レベルで共通の規範的準拠を構築しうるということであり、そのような準拠こそが、産業時代に由来する保護や連帯に断裂が生じている文脈にあって、社会的な市民権の再定義のための努力を導くにふさわしい。そのための前提になるのは、能力の概念が適用される場合をこれまでの伝統よりも広げること、つまりすでに契約の有効性を左右している年齢や事理弁識という条件だけにはとどめないことである。このような拡大によって、ヨーロッパ規模での公共サービスの役割を再考することが、とりわけ可能となるだろう。公共サービスの質や利用しやすさは、人々の活動能力に強い影響を与えているからである。

　こうした能力概念の刷新は、多くのヨーロッパ諸国ですでに進められていることが、比較分析により明らかになる。[13] 職業能力という概念の近年における発展がその証拠である。ごく最近まではそれは特定の職業への従事の法的条件という形でしか用いられることがなかった。より一般的には職業能力とは、ある失業者が従事できそうな雇用を特定するための基準の一部である。しかし労働法においては、この概念はより斬新な姿を呈するようになっている。つまり特定の活動を実施するための条件としてではなく、契約上の債務の対象としても登場するようになったのだ。こうしてフランス法は最近になって、賃金労働者が雇用に従事する能力の維持を雇用者が点検する義務を定め、破毀院はこの新たな義務が尊重されているかを注視している。[14]

能力の概念は賃金労働者の団体行動の様態を再考するきっかけともなるだろう。というのも労働法の最大の特異性にして揺るぎなき現代性とは、個人の能力が、個人の属する集団の能力に必然的に基づいていること、そして社会は市場原理主義者が望むような、契約当事者という粒子の集まりではないし、それに還元することもできないということを認めている点だからである。一九九八年に採択されたＩＬＯの宣言は、ＩＬＯの主張する四つの基本的権利のうち、「結社の自由および団体交渉権の効果的な承認」を筆頭に据えているが、この宣言の文言は団体能力の二つの側面に注意を向けている。すなわち、一方ではそれは諸個人が自らの経済的・社会的利益を守るために自由に結集し集団で行動する、諸個人に認められた能力である（組合活動の自由と団体活動の自由）。他方でそれは労働協約の締結を組織する能力でもある（団体交渉権）。

力関係を法関係へと変換するためには、労働法は組織、行動、団体交渉という法的な三脚の上に立脚していなければならない。これらの三本の足のいずれかが欠ければ、状況はバランスを失い、〈法権利〉はもはや暴力の原因を代謝することができなくなる。これこそが今日の状況である。企業活動の自由は国内法の枠組みから解き放たれたのに、組合活動の自由やスト権はそこに閉じ込められたままだ。このような文脈においては労働組合と大企業との関係がアンバランスとなるばかりか、スト権も骨抜きになってしまう。第一に、増加する一方の不安定な労働者たちは、ストを行うことができないからである。さらにはストが意味を持つのは、明確に特定可能な雇用者と、その指揮下にある賃金労働者の集団との対峙においてのみだからだ。ところが今日ではこのような二項関係がしばしば失調しているのである。外部委託や下請け、臨時雇いにより、労働集団は細分化している。そしてしばしば雇用者とは別に真の意志決定者たちがおり、彼らは責任を逃れて、経済的に独立した別会社という隠れ蓑に身を隠している。こうしてストは強者の武器と化し、弱者からはそれが奪われつつある。エールフランスのパイロットたちはストができても、シャル・ド・ゴール空港の下請けの荷物運搬人にはそれができない。労働搾取から生じる緊張は、もはや社会領域には表出できなくなり、アイデンティティという土台が唯一の捌け口となっている。労働組合運動の団結力が衰退していくことと、（宗教的、民族的、性的等の）アイデンティティ要求への回帰は、一枚のコインの表と裏である。したがって弱者たちに自らの境遇について集団で行動する能力を取り戻させるために、団体行動権を再編することが必要であろう。より一般的には、消費者や投資家らも動員する、今日の企業活動の自由の実施形態に見合った武器となるような、三項関係の団体行動の諸形態を模索するべきであろう。かくして国際的な団体行動の選択肢が開かれ、商品や資本の自由な流通に対してバランスをとることができるようになる。

　このように能力の概念を手がかりとすることで、手段（経済的な）と目的（人間的な）の転覆傾向が、終息するとまではいかずとも、それに歯止めをかけることができるだろう。このような転覆がとりわけ顕著なのは、ブルーノ・ロマーノが機能的原理主義と名づけたものに毒された、[15]諸々の共同体機構で用いられているニュースピークの中である。そこで語られるのはもはや人間や職業能力や自由ではなく、人的資本[16]や雇用可能性《エンプロイアビリティ》や柔軟性《フレキシビリティ》である。このような術語の置き換えにより人は物として理解され、物理学や生物学から移入された思考法が、法的なカテゴリーに置き換えられる。スターリンによって広められ、[17]現代経済学によって定式化された、[18]人的資本という理念は、「人的資源」というナチスの概念の共産主義における対応物の役割を果たした。人間を経済的資源に還元する科学主義的な世界観に、それは由来しているのである。[19]雇用可能性《エンプロイアビリティ》についても同様であり、語源的にはそれは市場の必要の中に人間をしまい込むことを意味するのであって、[20]人間の知性や創造性、つまり職業能力から出発することではないのである。柔軟性《フレキシビリティ》という概念はといえば、それは労働者と材料を十把一絡げにしてしまうが、本来ならばそこで行動の自由の面から考察することにより、企業活動の自由と労働の自由との和解をはかり、商品や金融の流通においてだけでなく人間の精神や労働においても、思いがけないことや予期せぬことと常に対峙せねばならないのだ。

法的なカテゴリーは溶解してサイバネティックス的思考や管理経営的思考に避けがたく取り込まれるとの仮説は、それが悲観的であるがゆえに避けがたく魅惑的であるものの、裏付けには乏しいのかもしれない。人の統治から物の管理への移行という夢物語は、西洋において二世紀前から影響を持っており、今日においてそれが魅惑を放っているにしても、夢物語であることをやめたわけではないので、あらゆる夢物語と同様に、いつの日か現実原則と衝突するだろう。フィラデルフィア宣言が通商政策や金融政策の目的のひとつとしていた、人間の経済的保障は消滅して、人間をより「柔軟」で市場の要求に適応しやすくする、原則的な不安定に置き換わるものと理解されていたらしい。しかしこのような政策は人間生活の現実と衝突することになるのである。この現実とはすなわち諸世代の継承という現実であり、商業面では問題とされない保障が、そこでは求められる。労働の手当はわずかであるかわりに、長期間の教育や研修を受ける労働者は、充実した経済的保障と確固たる職業能力を手にしている労働者と同様の「パフォーマンス」がある。こうして「フレキシキュリティ」という〔フレキシビリティとセキュリティの〕合成語が共同体用語として出現することになった。[21] 人間にとっての根本的な必要がこうして再発見されたこと自体は、もちろん讃えられなければならない。だが異なる概念をひとつの語に結びつければ、操作概念よりもキマイラが生まれてしまう可能性のほうが高い。「奴隷としての従属に耐え、同時に自由な人間としての危険を負担する、それはあまりにも重荷でありましょう」。シモーヌ・ヴェイユのこの見識は一九三六年のものである。[22]労働者たちを市場の意のままになる物として扱いながら、労働者の自主性や責任を当てにしようとする人々は、私たちをこのような袋小路に誘い込もうとしているのである。「フレキシキュリティ」と「経済的・社会的権利」のそれぞれが引き連れている諸概念を一語一語比較しさえすれば（柔軟性／自由――雇用可能性／能力――人的資本／職業身分）、何が両者を隔てているのか理解できる。一方は市場の無謬性という想定を出発点にしており、企業の要求に応える人的「資源」をリアルタイムで供給することが目指されている。他方は人間の創造性が出発点であり、その創造性の表現を可能にしてくれる〈法権利〉と経済の構築が目指されているのである。

1　注

強調は引用者による。

2　以下の引用より。Jean Querzola, « Le chef d'orchestre à la main de fer. Léninisme et taylorisme », in *Le Soldat du travail, Recherches*, n° 32-33, septembre 1978, p. 58.

3　とりわけ以下を参照。Simone Weil « Réflexions sur les causes de l'oppression sociale » (1934), in *Œuvres*, Gallimard, « Quarto », 1999, p. 275 *sq*〔シモーヌ・ヴェイユ『自由と社会的抑圧』冨原真弓訳、岩波文庫、二〇〇五年〕; « La rationalisation » (1937), in *La Condition ouvrière*, Gallimard, 1951, p. 289 *sq*〔シモーヌ・ヴェイユ「合理化」、『労働と人生についての省察』黒木義典、田辺保訳、新装版、勁草書房、一九八六年、二一八頁以下〕.

4　Bruno Trentin, *La città del lavoro. Sinistra e crisi del fordismo*, Feltrinelli, 1997.

5　「寄り添い（accompagnement）」はヨーロッパの社会政策のフェティッシュ語となっており（欧州グローバル化調整基金の設立に結びついた以下の欧州委員会の声明《コミュニケーション》を参照。« Restructurations et emploi. Anticiper et accompagner les restructurations pour développer l'emploi: le rôle de l'Union européenne », COM〔2005〕120 final）、新たな個人権の対象となるほどである（以下を参照。Franck Petit, « Le droit à l'accompagnement », *Droit social*, avril 2008, p. 413-423）。

6　オーウェルが『一九八四年』の附録として刊行した「ニュースピークの諸原理」を参照のこと。George Orwell, *Nineteen Eighty-Four*, 1949, trad. fr. 1984, Gallimard, « Folio », 2005, p. 395 *sq*〔ジョージ・オーウェル『一九八四年〔新訳版〕』、高橋和久訳、早川書房、二〇〇九年、四八一頁〕. オーウェルによれば、「ニュースピークの目的はイングソック

〔『一九八四年』内の架空政党〕の信奉者に特有の世界観や心的習慣を表現する媒体を提供するばかりでなく、イングソック以外の思考様式不可能にすることでもあった」。

7　Simone Weil, « Réflexions sur les causes de la liberté et de l'oppression sociale », art. cit., p. 279〔シモーヌ・ヴェイユ『自由と社会的抑圧』、前掲書、一六頁〕.

8　*Id.*, « Expérience de la vie d'usine » (1941), in *La Condition ouvrière*, *op. cit.*, p. 337〔シモーヌ・ヴェイユ「工場生活の経験」、『労働と人生についての省察』、前掲書、二四三頁〕.

9　Alain Supiot (dir.), *Au-delà de l'emploi. Transformations du travail et devenir du droit du travail en Europe. Rapport pour la Commission Européenne*, Flammarion, 1999.

10　それがガイウスの『法学提要』の論述の論理的な順序である。Omne autem ius quo utimur vel ad personas pertinet, vel ad res, vel ad actiones. Sed prius videamus de personis.（「われわれの用いている法は、人・物・訴訟のすべてに関係する。まずは人に関するものから見ていくことにしよう。」）以下を参照。Gaius, *Institutes*, trad. J. Reinach, Les Belles Lettres, 1991, I-8, p. 2〔ガーイウス『法学提要』、佐藤篤士監訳、早稲田大学ローマ法研究会訳、敬文堂、二〇〇二年、七頁〕.

11　以下を参照。Commission européenne, « Restructurations et emploi. Anticiper et accompagner les restructurations pour développer l'emploi: le rôle de l'Union européenne », COM〔2005〕120 final.

12　この概念については以下を参照。Amartya Sen, *Commodities and Capabilities*, Oxford University Press, 1999〔アマルティア・セン『福祉の経済学　財と潜在能力』、鈴村興太郎訳、岩波書店、一九八八年〕; Robert Salais et Robert Villeneuve (dir.), *Europe and the Politics of Capabilities*, Cambridge University Press, 2005, trad. fr. *Développer les capacités des hommes et des territoires en Europe*, ANACT, 2006.

13　以下を参照。Simon Deakin, Alain Supiot (éd.), *Capacitas. Contract Law and the Institutional Preconditions of a Market Economy*, Hart, 2009.

14　二〇〇四年五月四日法により導入された労働法典L.6321-1条、および以下の破毀院判決を参照。L'arrêt *Union des opticiens*, rendu par la Cour de cassation le 23 octobre 2007 (n° 06-40950).

15　Bruno Romano, *Fondamentalismo funzionale e nichilismo giuridico. Postumanesimo « noia » globalizzatione*, Giappichelli, 2000.

16　加盟国の雇用政策に向けて採択された指針に関する欧州理事会の決定を参照（2006/544/CE, JO L 215 du 5-8-2006, p. 26-27）。人的資本へのさらなる投資が優先事項として定められている。

17　Joseph Staline, *L'Homme, le capital le plus précieux*, 〔suivi de〕 *Pour une formation bolchévik*, Éditions sociales, 1945.

18　Gary S. Becker, *Human Capital. A Theoretical and Empirical Analysis, With Special Reference to Education*, University of Chicago Press, 1964〔ゲーリー・ベッカー『人的資

本　教育を中心とした理論的・経験的分析』、佐野陽子訳、東洋経済新報社、一九七六年〕.

19　語の正確な意味において、人的資本とは、奴隷の所有者の収支決算に書き込まれる資産のことである。以下を参照。Cheryl S. McWatters et Yannick Lemarchand, « Comptabilité et traite négrière », in Jean-Guy Degos et Stéphane Trébucq (dir.). *L'Entreprise, le Chiffre et le Droit*, université Montesquieu (Bordeaux), 2005, p. 209–236.

20　それが欧州委員会の定義である。「ある人間が雇用可能であるのは、その人間が労働市場の需要から雇用に必要であるとみなされる、市場向けの技術・能力・特性をもっている場合である」。以下の引用による。Philippe Pochet et Michel Paternotre, « *Employabilité* » *dans le contexte des lignes directrices de l'Union européenne sur l'emploi*, Observatoire social européen, 1998.

21　欧州委員会二〇〇七年六月二七日の声明「フレキシキュリティの共通原則に向けて。フレキシビリティとセキュリティの結合による良質な雇用の増加（Vers des principes communs de flexicurité: Des emplois plus nombreux et de meilleure qualité en combinant flexibilité et sécurité）」（COM〔2007〕359 final）。

22　Simone Weil, « Lettre à un ingénieur », *La Condition ouvrière*, Gallimard, 1951, p. 187〔シモーヌ・ヴェイユ、「工場長への手紙」、『労働と人生についての省察』、前掲書、一五四頁〕.

第八章　責任の重み

責任のある〔responsable〕者とは、他人に対する自らの行動を請け負う者である。この概念の起源にあるのは、ローマ法における正式の約束である。すなわち、最初の約束者のspondeo〔約束〕が、次の約束者のre-spondeo〔応答〕に、自らの反響を見出す。もともとは神々への献酒を伴っていた、この約束のやり取りは、約束に義務的な力を与えるという効果を持っていた。[1]これらの請け負われるべき行為とは法的なこともあれば金銭的なこともあり、行為をしないという行為であることもあるが、責任が存在するのは、特定の主体が、その行為の責任を第三者の前で取ることができる場合のみである。つまり責任には三人の人間による三項関係が必要とされる。すなわち、行為の帰責が行きつく原因点である、責任者。[2]その行為が自らの利害に影響する、依頼者。そして責任者が自らの行為をその面前で請け負うことのできる、〈第三者〉（判事や審判）である。このように理解された責任とは、自らの行為からの帰結である損害を賠償する義務を単に意味するのではなく、そのような帰結を予告し、それを請け負うことを保証する義務をも意味するのだ。現代の責任法においてこのような予告と保証の義務は、科学技術の発展に伴うリスクの増大とともに、ますます重要度を増している。

ほかの何にもまして、企てる（entreprendre）という行為（それが企業（entreprise）という語の第一の意味である）は技術のための資源を動員するのであるから、主要なリスク要因を代表している。一九世紀末から二〇世紀初頭、労働災害および企業に内在するリスクの問題が、すべての産業国において、民事責任に大きな進化をもたらした結果、責任者の過失ではなく、責任者の行為によって他人が冒すことになったリスクに対しての、客観責任という理念が登場した。やがてこの進化は国によって異なる道筋をたどることになる。たとえばフランス法はこの客観責任という理念を一般化して、それとの相関で保険の義務を拡大したが、他の国々はむしろこの解決策を危険な活動や製品に限定した。これに対しアメリカ法は集団訴訟（class actions）によって大企業に重い判決が下される可能性を拡大したが、[3] フランス法は一般的に（労働法を除いて）個人主義的な訴訟観にとどまっている。だが企業はいたるところで、自らのビジネス遂行において自分の利害以外をも考慮に入れるよう強いる規則に従わざるをえなくなっている。確かにミルトン・フリードマンは、ノーベル経済学賞と呼ばれる賞を受賞する数年前には、「企業の唯一の社会的責任とは利益を出すことである」[4]と書くことができたかもしれない。だがこのような単一機能的な企業観が通用するのは、人間や自然に対する企業活動の影響を考慮に入れるよう強いる、国内の法的・制度的枠組みがある場合のみである。

国際的な面ではこうした枠組みが不在であるため、「企業の社会的責任（corporate social responsibility）」（ＣＳＲ）という概念がその埋め合わせをすると考えられている。大企業は、株主を富ませること以外の「関心事」でも動くミニ国家として、自らを編成しているかのようだ。[5] だが明確に特定のできる責任者がおらず、説明を要求できる機関もなく、応答すべき〈第三者〉もいないのなら、そんな責任はもちろん責任ではない。企業の社会的責任とは、経済イデオロギーの危機の症候であり、グローバル化が引き起こした社会的変調を解消してくれる治療薬などではない。貿易障壁の撤廃により法的な無重力状態に置かれた経済は、自らの知られざるドグマ的基盤を発見してしまい、誰かが何かを請け負うためには欠かせない、債務者・債権者・判事の姿を探し求めているのだ。

企業の社会的責任を扱った行動規範において、企業という概念は自明視されている場合が大半だ。たとえばこの主題に取り組んだ欧州委員会の声明の中に、企業の定義を見出そうとしても無駄である。[6]「CSRの概念は主として巨大多国籍企業によって／のために練り上げられてきた」とだけ述べられたあとで、「中小企業のCSRを促進する」との決意が、独特の調子で宣言されている。[7]「OECDガイドライン」やILOの三者宣言のような、諸々の国際組織によって練り上げられた行動規範がこの主題に関して物語っているのはある種の当惑であり、それは断言口調によっても隠しきれていない。OECDによれば「多国籍企業を正確に定義する必要はない」[8]し、ILOによれば「多国籍企業の正確な法的定義は不可欠ではない」[9]。そう言いながらもすぐにその定義らしきものを示そうとするが、ILOの場合、その定義には定義の価値はないのだと説明される[10]……。

これらの国際組織が、良き社会的行動の規範の宛先の「実体」を正確に名指そうとして感じている当惑は、まったく理解できるものであり、共感するほかない。企業（entreprise）とは何よりもまず企てることの自由に基づく行動であり、丸ごと制度の中に固着することは決してありえない。自然人である企業家が商人として自ら法的場面に登場する場合の状況は単純である。商業会社を設立し自らの企て（entreprise）と一体化させ、その企てに法的形態を与えるとすれば、なおさらわかりやすい。事態が複雑になるのは、この会社が子会社を作ったり、他社の財政管理下に移行したりして、輪郭が曖昧で固定しない会社グループの中に組み込まれた場合である。企業が分岐して、たとえば下請けや特許使用の移譲のように、資本的関係のない複数の会社をつなぐ契約的な依存関係になった場合には、事態は不明瞭になる。このようなネットワーク組織の結果として労働関係における雇用者の軸は溶け出して、特定が困難、時には不可能となる。こうして会社（firme）の概念は徐々に語の第一の意味を裏切りはじめる（firm［ラテン語の firmus（確固な、持続する）より］とはもともと英語で署名を意味し、ついでその名のもとに行われる企てを意味するようになった）。企業を法的に組織する自由は、企業家が取引の場面での自己を確立する手段となるよりもむしろ、多数の法人格という仮面の背後に姿を隠して、自らの経済活動に内在する責任から逃れるための手段と化したのだ。

商品や資本の国際的な自由流通が提起する主要な法的課題のひとつとはつまり、経済の本当の行為者は誰なのかを特定することである。企業の社会的責任という理念が向かおうとしている、社会法と環境法との接近は、この点で示唆に富んでいる。エリカ号やプレスティージ号による海洋汚染の場合のように、大惨事が発生した際には、決定者である個人の特定に至るまでに何か月も経過してしまう。それも仮に特定できればの話である。プレスティージ号の場合、捜査が最終的に突き当たることになったのは、事実上の匿名性を保障するパナマ法である。[11] 海賊船が海賊旗を掲げているも同然であり、善良な商人たちにとってそれが吉兆であったためしがないのはご存知のとおりだ。社会的な面では、雇用者がこのように把握不可能であるという現象は、海事においてだけでなく、複雑な構造を持つ企業のすべてで生じていることであり、そうした企業の只中では、資本の保有者たちが、ミルトン・フリードマンの格言どおりに、利益をあげて責任を逃れることに血道を上げている。経済行為者の特定という問題がいち早く検知されたのは経済刑法においてであるが、[12]消費者法（石綿や狂牛病のような衛生上の大惨事）や近年では財政法において、銀行の破綻と、積み上がった負債の山の最終的な保証人としての国家の再登場とともに、大きな争点となった。労働法が明らかにしたのは、とりわけ健康や安全にかかわる問題、あるいは闇労働の防止、さらには賃金労働者の集団的代表に関して、公の秩序からの要請が争点となる場合には、商法の法的な組立をしりぞけて、企業の真の指導者（たち）の特定ができるということである。だがどれだけ興味深いものであるにしても、こうした技術は国内の法秩序の限界内にとどまるものであり、商品や資本の自由流通によって、企業はこうした限界を容易に乗り越えてしまうのである。

こうして〈法権利〉は、そのアキレス腱をつかれて挫折するのである。アキレス腱とはつまり、法主体という概念、そして損害を与えうる行為や違反の責任を特定の人に帰することの可能性である。考えられる治療法は二つであり、それらによって企業の社会的責任という理念には、一定の信憑性が与えられるかもしれない。

企業を構成する諸々の法的実体の連帯責任というのが最初の治療法である。ミルトン・フリードマンの「企業の唯一の社会的責任とは利益を出すことである」という格言に対しては、ローマ法由来の金言を投げ返すことができる。「利益あるところに負担あり（だから責任もあり）（Ubi emolumentum, ibi onus）」[13]。ある経済行為の恩恵を受ける者は誰でも、企業がいかなる法的組立を用いていようと、行為者とみなされるべきである。この解決法はアメリカにおいて海洋汚染の際に非常に効果的に用いられた。エクソン・バルディーズ号による海洋汚染以来、米国法では運送業務に少しでもかかわったすべての者の責任を追求することが可能になっている[14]。保険由来の諸技術の影に長らく隠れていた、連帯の第一の意味、つまり民法上の意味が再浮上を果たしている。「同じ一つのものに対して義務を持つとき、債務者たちの側には連帯があり、各人は全体のための拘束を受け、債権者に対するただ一人の支払いが、残りの者を自由にする」（民法典第一二〇〇条）。企業の社会的責任に必要とされるのはおそらくこの種の連帯であり、国内の労働法には見出すことも可能なこの連帯は[15]、超国家的な系列やネットワークの様々な実体の間でも存在しうるものだ。どの裁判所が管轄するのか、係争にどの法律が適用できるかを定めるのに用いられる国際私法は、社会正義の原則に照らして解釈されるべきなのである[16]。これを土台としてこそ、「他者の活動に多大な影響を及ぼすことのできる」（「ＯＥＣＤガイドライン」の言葉を借りるならば）実体の責任を、それが本部を置く国で追求し、「受入国」において発覚した同一のネットワークや系列に属する実体による違反の責任を請け負うよう義務づけることが、とりわけ可能となるだろう。こうした解釈を採用することで、下請けの良き実践は推奨され、悪い慣行は是正されるであろうことは、アメリカの石油汚染法令の施行により、大石油会社が運送業者選びにおける安全性の保証にやかましくなったことからも明らかである。この種の特別法が不在だとしても、責任をめぐる普通法が、移転先の国での労働者の基本権の侵害を、大企業が請け負うよう義務づけるための機会を、数多く提供しているのである。先進国の労働組合と途上国の労働者との間の連帯関係の構築を前提とするこのやり方が、アメリカでは成功しており、ヨーロッパでもその方法が見習われるべきであろう。[17]

二つ目の治療法とは、製品の社会的トレーサビリティを組織し、この製品を市場に流通させる者に責任を負わせることである。責任を特定するために製品から出発するのは、欠陥製品の所為による責任に関して共同体法が選択したやり方である。[18]このような民事責任法の新局面は、「製造者は自らの製品の欠陥により引き起こされた損害に責任がある」（指令第一条。民法典第一三八六―一条は「被害者と契約を結んでいるか否かに関わらず」と付け加える）という事実によって特徴づけられる。契約法や会社法の障壁ないし断絶を乗り越える可能性がこうして開かれ、「製造者と同様に責任のある」（指令第三・二条）、製品を流通させた者や輸入した者に到達できるようになる。トレーサビリティの奨励の根拠となったのは、「製品の製造者が特定できない場合、各供給者は、被害者に対して適切な期限内に製造者の身元や製品を供給した者の身元を明かさない限り、製造者とみなされる」[19]という規則である。

こうして現代法は、責任者の特定が製品の製造や供給ルートをさかのぼることによってなされ、製品のトレーサビリティはこうした特定に最適なツールであるという理念に道を開いた[20]。つまり製品には、製品を流通させた者の精神が宿っており、その者はたとえ所有者が変わろうとも製品の責任を持ち続けなければならないのである。こうして回帰しているのは、人と物との関係は常に人と人との関係の庇護下に置かれているとする、中世の古い考え方である。封建法によれば、物とは常に誰かの（神の場合もある）物であり、民法典第五四四条にあるような絶対的意味での所有者などおらず、単に物の借用者がいるだけだった。人と物との関係は、常に人と人との関係の投影であった[21]。ところがルイ・デュモンが明らかにしたように、経済イデオロギーによって、人と人との関係は、人と物との関係に従属するようになった[22]。確かに市場経済は、あらゆる人間関係の痕跡が消し去られた、交換に適した財を必要としているのであり、民法典においては人と物との直接的関係（民法典第二巻の対象）が、人と人との契約的関係（相続とあわせて第三巻で決定される）の基盤となっているのである。技術の進歩に伴う様々な危険物の出現により、古い着想に何らかの形で回帰して、あらゆる物には保証人がいるべきだとの理念を復活させる必要が生じたのだ。

このような、あらゆる物に保証人がいるべきだとする理念は、今日では国際的場面においては製品の欠陥に起因する損害に限定されており、生産の社会的・環境的条件までには広げられていない。世界貿易機関によれば、人々の健康と安全の保護が製品の自由な流通の制限を正当化しうるのは、製造方法ではなく、製品が有害である場合のみである。[23]だが製品を保証する義務が製造条件をも包括しうると考えるに足る理由は、十分にあるのである。まずは歴史的理由だ。国内法においてこの種の責任が発達したのは労働関係に関してである。労働者が雇用者から仕事の物品を手渡され（加工される物や仕事道具）、それらに何らの権利も持たない場合、労働災害に関する法制は、これらの物品が原因の損害を請け負うことを、雇用者に義務づけている。危険な物品から、それにより利益を得ている者にさかのぼるというのは、過失に対する責任の袋小路から抜け出し、こうした事故の責任者を確実に特定するために、一九世紀末に見出された方法である。続いては法的理由である。国際商法による、交換される財の製造条件に対する抑圧が働くのは、商標や特許や使用権などの、無形の要素が伴う場合のみであり、そうした無形要素の所有者は、財の実際の保有者から切り離されている。商品価値の本質をそのような知的所有権に負っている財が問題であるので、市場を統制するには、製品をさかのぼって、それがこうした権利を尊重して製造・譲渡されたものであるのかを追求しなければならない。音楽の録音やソフトウェアの完璧なコピーと、オリジナルとを物質的に区別するものは何もないが、国家はそうしたコピーが市場に出回るのを禁止する権利と義務を有している。知的所有権は「新経済」の核心であり、超国家的企業にとってはこの種のコピーが自由に出回らないことがきわめて重要であるため、自由流通は、流通する製品の製造工程における知的所有権の尊重の管理に従属していなければならない[24]。つまりここでは所有権が、交換の統制における社会権と、構造的に同じ位置を占めているのだ。それは財の物質的な所持とは一致せず、国家の積極的な介入を必要とする。製品のトレーサビリティを組織することでしか、その尊重を確実のものとすることはできず、製造工程の適法性を保証できるのは、トレーサビリティのみである。

製品の製造工程を考慮に入れることが、知的所有権の保護のためには義務づけられ、労働者の基本権の保護のためには禁じられるというのは、全体的〈市場〉において生じた手段と目的の転倒の、もうひとつの表れである。しかしこのような近しさは少なくとも、超国家的企業が自らの製品の製造方法を保証するよう義務づけることを可能にするような、法的手段が存在することを裏付けてくれるという利点があるのだ。

注

1　この概念の宗教的起源については以下を参照。Émile Benveniste, *Le Vocabulaire des institutions indo-européennes*, Minuit, t. II, 1969, p. 209 *sq*〔エミール・バンヴェニスト『インド＝ヨーロッパ諸制度語彙集Ⅱ』、前田耕作監修、蔵持不三也ほか訳、言叢社、一九八七年、二〇六頁以下〕.; Michel Villey, « Esquisse historique du mot responsable », in *La Responsabilité*, Sirey, « Archives de philosophie du droit », t. XXII, 1977, p. 46 *sq*.

2　法技術に固有の帰責と、科学に関する因果性との違いについては以下を参照。Hans Kelsen, *Théorie pure du droit*, trad. fr. de la 2e éd. de la *Reine Rechtstheorie*, par Ch. Eisenmann, Dalloz, 1962, p. 105 *sq*. 同じ著者の以下も参照。*Allgemeine Theorie der Normen*, 1969, trad. fr. *Théorie générale des normes*, PUF, 1996, p. 31 *sq*.

3　以下を参照。John G. Fleming, *The American Tort Process*, Clarendon Press, 1988; Muriel Fabre-Magnan, *Droit des obligations*, t. II: *Responsabilité civile et quasi-contrats*, PUF, 2007, p. 207 *sq*.

4　Milton Friedman, « The Social Responsibility of Business Is to Increase its Profits », *The New York Times Magazine*, 13 septembre 1970, p. 32-33, 122-124.

5　数ある文献の中でも、以下を参照のこと。Thomas Berns *et alii*, *Responsabilités des entreprises et corégulation*, Bruylant, 2007.

6　企業の社会的責任についての欧州委員会による声明《コミュニケーション》。« Une contribution des entreprises au développement durable » du 2 juillet 2002, COM〔2002〕347, § 3.

7　COM〔2002〕347 préc., § 4.5.

8　« Les principes directeurs de l'OCDE à l'intention des entreprises multinationales »（1976, révisés en 2000）§ 1.3.

9　OIT, Déclaration tripartite sur les entreprises multinationales et la politique sociale（1977, révisée en 2000）, § 6.

10　「このパラグラフは宣言のよりよい理解のためのものであって、定義を示すためのものではない」。三者宣言はこう説明する。

11　以下を参照。Marc Roche, « Où sont passés les responsables du Prestige ? », *Le Monde*, 21 novembre 2003（どのような隠蔽メカニズムが用いられたのかを詳細に明らかにした特筆すべき調査記事）.

12　以下を参照。Pierre Lascoumes, *Les Affaires ou l'art de l'ombre. Les délinquances économiques et financières et leur contrôle*, Le Centurion, 1986.

13　以下を参照。Henri Roland et Laurent Boyer, *Adages du droit français*, Litec, 4e éd., 1999, p. 915 *sq*.

14　一九九〇年の石油汚染法令（Oil Pollution Act）によれば、船舶による汚染の責任者とは

「誰であれ所有者、船主、用船者の資格を持つ者すべて」である。

15 たとえば臨時雇いや下請け、闇労働、あるいは健康や安全に関して。以下を参照。Elsa Peskine, *Réseaux d'entreprises et droit du travail*, LGDJ, 2008.

16 以下を参照。Upendra Baxi, « Mass Torts, Multinational Enterprise Liability and Private International Law », dans *Recueil des cours* de l'Académie de droit international de La Haye, vol. 276, 1999, p. 301–427.

17 以下を参照。Antonio Ojeda et Lance Compa, « Globalisation, Class actions et droit du travail », in Isabelle Daugareilh（dir.）, *Mondialisation, travail et droits fondamentaux*, Bruylant, 2005, p. 265–307.

18 一九八五年七月二五日の欧州指令八五／三七四。

19 指令第三・三条。欧州司法裁判所は、被害者がまずは供給者を追求し、その後で供給者が製造者を訴えることを可能にするフランス法の〔共同体法への〕転換を差し止めることで、この連帯原則の射程を狭めた。（CJCE, 25 avril 2002, aff. C-52/00）

20 以下を参照。Marie-Angèle Hermitte, « La traçabilité des personnes et des choses. Précautions, pouvoirs et maîtrise », in Philippe Pédrot, *Traçabilité et responsabilité*, Economica, 2003 p. 1 *sq*.

21 以下を参照。Paul Ourliac et Jehan de Malafosse, *Histoire du droit privé*, t. II: *Les Biens*, PUF, 2e éd., 1971, p. 148 *sq*.

22 Louis Dumont, *Homo æqualis. 1. Genèse et épanouissement de l'idéologie économique*,

Gallimard, 2e éd., 1985, p. 13.

23　関税及び貿易に関する一般協定（GATT）第XX条（b）。このような制限的解釈に対する批判は以下を参照。Robert Howse and Donald Regan, « The Product/Process Distinction - An Illusory Basis for Disciplining "Unilateralism" », art. cit.

24　世界貿易機関を設立するマラケシュ協定に付加された、知的所有権の貿易関連の側面に関する協定を参照。

第九章　連帯のサークル

私たちの思考のカテゴリーの多くがそうであるように、連帯という概念はローマ法に由来しており、同じひとつの義務に債権者〔連帯債権〔能動的連帯（solidarité active）〕〕と債務者〔連帯債務〔受動的連帯（solidarité passive）〕〕が複数存在することの不都合に対する緩和策として、この概念は現れた。連帯とは他者の所為が各人の責任を減じることがあってはならないという意味である。[1] 一九世紀末には、連帯は社会学や政治理論により引き合いに出されて、個人主義の行き過ぎを是正したいが、産業時代以前の教会や宗教や同業組合の共同体を蘇らせたくもない人々にとっての、満足のいく基盤を提供してくれた。実際のところ連帯の最大の利点とは、社会法の組立の基礎を債務法の上に置きつつも、「自然の共同体」へのあからさまな準拠によっては危機に瀕するであろう、平等や個人の自由という原則を守ることができるという点であった。社会法に移植されたこの概念は、形を変えながら発達し、一部の国においては社会保障が依拠する唯一の一般原則となるまでになっている。[2] 伝統的な共同体への帰属に基づく近隣的な連帯から、国家の庇護下に置かれた広範な連帯システムへの発展は、社会保障のシステムがどれほど多様であろうと、その歴史の中に一貫して見出せるものである。[3]

連帯が社会法において得た独自性とは、各人が自分のできる範囲でお金を入れ、必要に応じて引き出せる共同の貯金箱を、人間集団の只中に設立したことである。あらゆる者の保護に各人が貢献すべきであるという、連帯によって課される義務は、諸々の基本的な権利宣言に明示的ないし暗示的に認められた、人間の義務に属することは間違いない。こうした相互分散によって、個人の有用性の計算（それは禁じられる）は、集団的な有用性の計算（これが組織される）に取って代わられる。経済的な視角から言えば、構成員の利益を第三者の利益に優先させ、集団の利益を個人の利益に優先させるという合意が形成される。こうした相互分散によって、関連するサービスは自由競争を免れ、個人の自由は制限される。自由交換が支配する法的世界においては、この相互分散が独自の法的基盤の上でしか認められず、発展もできないのはこのためである。そしてそのような基盤を提供するものであるがゆえに、連帯は共同体法において徐々に法的原則としての価値を獲得したのである。[4]根底にあるのは、あらゆる人間社会には協力と競争が同時に必要であるという、きわめて単純な考え方の、法的な言い換えである。これらの必要のいずれかを見ようとしない世界は、失敗へと突き進む世界である。協力の利点は、競争の利点と同じくらい、社会の繁栄と充足にとって決定的であるからだ。

　法的な面では、連帯原則の認知は、契約的ではない交換形態の再来を意味する。実際のところ契約とは常に個人の有用性の計算に基づいており、契約の自由とは個人の利害に応じて関係を結ぶ自由にほかならない。現代の一部の法学者が連帯を契約法の中に解消しようと努力しているのは、したがって無駄である。たとえば賦課方式の年金制度を「世代間の契約」として提示すれば、単に誤りであるばかりか（世代は契約を結びうる法主体ではないし、来るべき世代は生まれる前からシステムにより関係を結ばされてしまう）、この制度の性質の根本的な無理解に陥ることになる。年金制度とは義務の非契約的な形態が変化したものである。人類学者たちが生涯負債と呼ぶものに、今日でもなお対応しているのが年金制度である。[5]人類学的な面では、先行する世代から生命を受け取った人々は、今度はそれを次世代に与えなければならず、そのことによって自らに与えられたものを返さなければならない。賦課方式による年金システムにおいては、先行する世代に与えた人々は、次世代から受け取らなければならず、次世代は彼らが与えたものを返している。つまりこの種のシステムは少なくとも連続する三世代を念頭に置かなければ理解不能である。年金を受け取る権利と、その帰結である保険料支払いの義務は、義務の領域に世代の連なりという時間性と垂直性を再導入するが、それらは契約法のあずかり知らぬものである。

連帯原則の最初の正式な宣言がアフリカによるものだったのは、したがって驚くべきことではない。西洋由来の人権の信条に従うよう促されて、アフリカの法学者たちは、それを自分たちの文化と経験に適応させるべく努力した。西洋の諸宣言に記された個人の権利を取り入れつつ、人および人民の権利に関するアフリカ憲章（一九八一）は、それを島嶼的な主体としての個人ではなく、同類たちと結びついた存在としての人間観の中に組み入れている。一九四八年の世界人権宣言には連帯原則は個人の権利（社会保障、十分な生活水準、暮らしを支える手段を失うリスクに対する保障を得る権利。第二二条および二五条参照）の形で（暗黙理に）表明されていたが、アフリカ憲章においてはむしろ、義務という名目で場所を得ている（第二九—四条「個人は社会および国民の連帯を維持し強化する義務を持つ」）。つまり一方では連帯が債権として表現されているのに対し、他方では負債として表現されている。実のところいずれの場合でも債権と負債は結びついているのだ。先進国で主張される「……への権利」は、どこにおいても、強制徴収金（税や社会保険料）を支払うことによる連帯への貢献の義務に対応するものだった。この義務は人の権利および義務についての汎アメリカ宣言〔米州人権宣言〕（一九四八）では明白に表明されており、その文言によればあらゆる人間は「状況や可能性に応じて、社会扶助や社会保障のために国家および共同体に協力する義務」（第三五条）があり、また「自国の公共サービスの維持のために法律で定められた税を払う義務を持つ」（第三六条）。

アフリカの宣言から二〇年後に、ニースで二〇〇〇年に採択された欧州連合基本権憲章が、連帯原則を遅ればせながら認めるとともに、そこに新たな補足を行った。こうしてこの憲章では連帯は（第四章第二七条以下）世界人権宣言ですでに照準に収められていた社会権だけでなく、新たな基本権（労働者の情報権、交渉および団体行動の権利、公共サービスへのアクセス権）、さらには公権力や企業に立ちはだかるいくつかの原則（家庭生活と職業生活の両立、環境保護、消費者保護）もカバーしている。このように連帯原則から非常に詳細な義務が派生しており、これらの義務を課される法主体は特定が容易で、違反すれば判事により処罰を受ける可能性がある。それらの義務とはすなわち、納税の義務、社会保障財源への貢献の義務、賃金労働者からの意見聴取の義務、環境保全の義務、労働時間を普通の家族生活と両立可能な条件に組織する義務、等々である。ニースの憲章が取り上げ直した連帯原則の、もうひとつの革新的な側面とは、保護される権利だけでなく行動する権利を基礎づけた点にある。これが集団的な面において当てはまるのは、この基礎においてこそ組合活動の自由やスト権が主張されうるからだが、職業生活と家庭生活との調和は、男女に新たな行動能力を取り戻させるものでもあるのだから、個人的な面においてもやはり当てはまるのである。

連帯とは尊厳と同様に、そこから権利と義務とが分かちがたく導き出されるような、法的な原則であることに、真剣に注目してみたとすれば、経済的・社会的権利の「司法判断適合性《ジャスティシアビリティ》」をめぐる見当はずれの論議から足を洗うこともできたであろう。端的に言って、自然人や法人が連帯原則に内在する義務を免れることになる仕組みはいずれも、人権に対する侵害なのだから、そのようなものとして訴追され、処罰されなければならない。たとえばある企業が、製品を販売する市場を統制している社会的・環境的規則から逃れるためだけに、生産を移転させたり下請けに出したりするような場合である。ましてや世界銀行のような国際機関が、投資家の有用性計算のみに基づいて法システム同士を競わせようとしつつ、人権違反を犯すような場合は言わずもがなである。国際的な経済交流を担う機関による、このような根本的な社会権の侵害が可能であるのは、連帯とは何よりもまず国民国家の法的枠組みの中でこそ確立される原則であるが、これらの機関は国家を、それもまず弱い国家から先に、監督下に置こうと努めているからである。これらの機関が連帯のシステムと本質的に敵対するのは、このシステムが個人の利害計算を妨げ、金銭的な基準ではなく加入基準によって人間を区別するものであるからだ。

とはいえウルトラリベラル・イデオロギーの批判が、国家の社会保障システムの不安定化の客観的な要因の誤認に結びつくことがあってはならない。世界には諸々の主権国家が敷き詰められ、国家同士の間にはただ自由な結びつきがあるだけだとみなすことができるような時代ではもはやない。テクノロジーの発達によりもたらされた利便性（とりわけコミュニケーションに関しての）やリスクのために、世界中のありとあらゆる国家は結びつけられ、客観的に団結させられている。感染や貧困や環境危機、狂信主義や他国にも及ぶ暴力の噴出を免れることができると考えることは、どこの国にも不可能である。いずれの国も、社会的紐帯が断絶し、増大する一方の法外なコストのためにいずれは社会保障が破綻することに直面しなければならない。市民的連帯の多様な形態が重要な役割を果たし続けていることを考えれば、今日における家庭生活や職業生活の枠組みの不安定化は、社会保障システムの土台自体を切り崩しているということになる。こうした多様な展開からすれば、社会保障を基礎づけている連帯原則を、国民の連帯のみに限定することは不可能である。国民の連帯が消滅したということではなく、排他的であったその役割が、結節的なものになったということである。つまり国家的な社会保障システムを制定するだけではもはや不十分で、それらのシステムをさらに、国の枠組みの内外に実際に描き出されている他の連帯のサークルの数々と結びつける必要があるのだ。

はじめに考え直さなければならないのは、社会保障と市民的連帯の様々な形態とが結んでいる関係についてである。社会保障の発展は、今日に至るまで、個人化のプロセスを食い止めるよりもむしろ加速させてきた。匿名の制度に加入することは、長らく連帯の横糸であった職業的・家族的・宗教的共同体から、個人を解放することに貢献した。個人的な関係にかわって、金銭的な蓄えが、リスクに対する主要な保証となるに至ったのだ（これは「脱商品化」[6]という用語による福祉国家の分析からでは決して見えない点である）。アフリカの様々な言語で「貧しい」という語は、世界銀行がこの語で理解すること（一日の収入が二ドル以下）を意味はしていない。貧しいとは「人が乏しい者」、他人の連帯を当てにすることができない者のことなのである。[7]この観点からすれば我らが豊かな社会は貧者で溢れており、誰も測定しようとしないこの貧困は、社会保障によって逆説的ながら増大しているのである。十分な年金と優れた医療保険のおかげで高齢者は子供に依存して生きなくてもすむのであり、これは確かに進歩である。だが致死的な孤独から守るにはそれだけでは不十分であるのは、二〇〇三年の酷暑の経験からも明らかである。経済的には貧しいが社会的には豊かである高齢者たちのほうが、逆の状況に置かれた高齢者たちよりも、酷暑に強かったのだ。一般的に言えば、病気に際して誰にも頼ることのできない、孤独な個人のみによって構成されている社会が生み出す費用には、どんな社会保障システムも立ち向かうことはできまい。言い換えれば、私たちの国々においては、社会保障の制定する国民的連帯は、市民的な連帯に支えられ続けているということであり、とりわけ家族的連帯は、人と人とのきわめて狭いサークルであるとはいえ、すたれてしまったわけでもない。労働法が商業圏域外で実施されているボランティア労働をもはや無視できないのと同様に、社会保障法も市民的連帯の様々な現れを無視するべきではなく、むしろ強化に努めるべきである。しかもこれらの二つの側面は、たとえば要介護の高齢者の引き取りに直面し、自宅での介護と、手伝いに来る子供たちの雇用の維持との両立が必要となった場合などに、結びつくのである。

市民的連帯の再評価の必要性は、社会保障を強化するものとして理解されるべきで、社会保障の退潮の手段や口実となってはならない理由は、少なくとも二つある。ひとつ目の理由は、福祉国家によって促進された根本的な変化に関係している。拡大家族と職業的・教区的連帯の時代は過ぎ去ったのであり、存続する市民的連帯の諸形態への支援が重要であればあるほど、すでに消滅した形態の復活を言い立てることは無駄である。二つ目の理由は、国民的連帯がこれからも結節点としての役目を果たし続けるべきであることに関係する。これは繰り返し述べておくべきことだが、連帯原則に基づく制度はすべて、集団的利益を個人の利益に、そして集団のメンバーの利益を部外者の利益に優先させる。これらの制度が一般利益に協力し、個人の自由を過度に侵害しないよう保証できるのは、国家だけなのである。そしてまた、国内に存在する共済的もしくは共同体的な、異なる職業システム同士の連帯を組織できるのも、国家だけなのだ。これらのシステムが仮に一貫性のある国家的な枠組みの中に組み込まれていなければ、それは社会を内向的な諸集団に断片化し、いずれの集団にも属さない者を排除しかねない。保証人としての機能とは、国家がこれらのシステムの自律性を尊重することを意味するとともに、これらのシステムに国民的連帯への参加を促し、社会保障の創設原理（尊厳、平等、参加）の尊重を義務づけることをも意味している。

こうした改革が最初に取り組まれるべき領域のひとつが、医療保険であることは疑いようがない。フランスではそれは財政破綻寸前の状態に陥っており、現在の費用の支払いを将来の世代に繰り越して隠れ蓑とするのも、いつまでもできることではあるまい[8]。このような費用の逸脱の原因は言うまでもなく複雑である。人口の高齢化、生活・労働条件の不安定化、医療技術の絶え間ない進歩、盲目的となったシステムを臆面もなく食いものにする病人や医者などが、程度の差こそあれ原因に与していることは確かだ。しかしこの困難に対する解答が、医療従事者と医療保険との関係を再考することなしに見出せないのは間違いない。医療保険は今日では、費用の一部もしくはすべてを患者に送り返すことのほかは、何の口出しもできずに支払う「第三者」として介在している。両者の関係の契約化の試みが明白に失敗なのは、医療関係者が出来高払いや開業の自由の見直しを頑なに拒んでいるからである。「会計的論理」のみによって動く巨大な官僚機械の囚われの身になることを、医療従事者らが恐れるのは一理ある。だがこうした行き詰まりの帰結が、費用の高騰とは裏腹の、ダブルスタンダード医療の密かな定着であり、医者不在地域が出現し一般医療が崩壊する一方で、医師への報酬や「袖の下」が増大している。

　広大にして非個人的な国民的連帯は、医療保険の資金調達システムとしてはもっとも強力で、もっとも正しく、もっとも効率的であるのは確かだ。そのかわり、フランス解放に際しては民主的に運営されることへの希望があったものの、国民的連帯に基づく諸機関は、医療保険の支出を賢明なやり方で運営する能力を欠いていることをさらけ出してしまった。そうした運営のための前提になるのは、医者と患者との信頼関係を作り出すことだが、中央集権的で匿名的であるのを本質とするシステムにとって、それは望むべくもないことである。もっと緊密で個人的な連帯のサークルの中でしか、そうした関係を築くことはできないのだ。フランスの伝統においては、この役割を担うべきなのは共済組合であろう。欧州委員会による解体に抗することができるほどに、それは強く根付いている（国家と市場の間には何もあってはならないとする二元思考を崇める欧州委員会は、共済組合を消し去ろうと尽力していた)。だが今日では共済組合は、医療保険の運営には補足的な役割を果たしているだけで、決定的な力を持っていない。政府は社会保障の負担を軽くしようとして共済組合に支出を押し付けるが、それと引き換えに支出の仕方についての発言権を与えることはない。だがそれこそが望まれることであるのは、近隣的な連帯に依拠する共済組合は、医療従事者との真の協約関係を結ぶことのできる、唯一の制度であるからだ。「予防を発展させ、各人の健康状態に応じて必要なケアに平等にアクセスできるようにし、継続的なケアと可能な限り最善の公衆衛生上の安全を確保する」[9]ことを望むのなら、こうした関係の構築は不可欠である。医療保険と医療従事者との境界領域に共済組合を設置することで、現行のシステムのいくつかの不合理に終止符を打つことができるだろう。そうした不合理の中でもとりわけ出来高払いは、診察の増加を促し、患者との対話に時間をかける医者にペナルティを与え、かわりにこうした対話ではなくテクニカルな処方を増大させる医者に褒美を与えるものである。共済組合ならば医師団の社会学的な大変動からのあらゆる帰結を引き出し、適切なケア、一般医療、医者との対話（その悪化は訴訟の増大という代償をもたらす）、あるいは医者不在地域への医師の再定着を推進できるであろう。近隣的な連帯に基づく制度に実質的な役割を与えることは、国民的連帯を弱体化させるどころか、むしろ強化し、医療保険の土台となり続けることができるはずだ。それにより医療は、鉛やメッキ作りのように金ばかりかかる形態へと少しずつ変化するかわりに、人間の苦悩のあらゆる元凶に注意を向け続ける、金のかからないものとなる機会を得るだろう。

国家の社会保障システムは第二に、直面すべきリスクのグローバル化を考慮し、国際的な連帯のメカニズムの構築に与さなければならない。世界規模での疫病や病原体の迅速な自由流通、地球規模での環境リスクの増大、「富裕」国人口の高齢化、発展途上国の多くを襲う治安の悪化や貧困から逃れる人々の大量移民は、国民的連帯のサークル内に引きこもりたいという誘惑に否を突きつける要因の数々である。この種のリスクに立ち向かうために国家的な連帯サークル内に閉じこもるというのは、アポリアの中に閉じこもるということであり、不法移民の社会的地位をめぐる議論が、このアポリアの好例である。厳粛を極める私たちの宣言の数々が主張する基本的社会権を否定でもしない限り、人間の尊厳に属する社会保障の権利を拒絶することは、誰に対しても不可能である。かといって国民的連帯のサークルをこれ以上広げて、この権利を奪われている地球上のすべての住人をカバーすることもできない。このような袋小路から脱出するために、これまでのところ採用されてきた解決法には二面性がある。一方では社会的市民権の許可の基準を変えて、領土内に一定期間とどまることを正当化できた一部ないしすべての不法移民に対して、この市民権を認めつつ、他方では不法移民の押し寄せからヨーロッパを守るためのマジノ線を引いているのである。このような解決法は満足のゆくものでもなければ、最後まで維持できるものでもない。基本的社会権へのアクセスが、毎日何千人もの人々によって試みられている、私たちが閉じておこうとしているバリケードを押し破るための、殺人的なレースの賞品になってしまっているからだ。途中で命を落とす者や、押し返された者、自国でなおも生き延びようとする者は、国民的連帯のサークルの外にとどめ置かれ、自らの運命に身を任せることになる。

世界規模での社会保障が、閉鎖的で経済圏からは切り離された、それぞれの国の連帯システムの並存であるとみなすならば、このアポリアから脱出することはできない。大量の不法移民問題のような問題に正しく取り組むためには、とりわけ国際的な交易体制の不正義のような、その諸原因に注意を向け、入国側の影響だけでなく出国側の影響をも考慮に入れなければならない。ヨーロッパへの命がけの移住にアフリカの若者たちを駆り立てているのは、二〇年に及ぶ構造改革と貿易の規制緩和政策の果ての困窮と経済的不安定、そして出身国での「ディーセント・ワーク」の不在である。不法入国者との連帯は確かに必要だが、あらゆる場所で基本的社会権が尊重されるようにすることが目標であるのなら、本質は別のところにある。今日における国家同士の関係で優勢を占める消極的連帯から、国家間の交易体制におけるディーセント・ワークおよび正義という共通の目標の上に立つ、積極的連帯へと移行することこそが本質的であるのだ。国際的な貿易ルールの核心に、連帯の原則を位置づける必要がある（それはとりわけ「一次的生産物の世界価格の一層大きな安定の確保」（フィラデルフィア宣言第四条）を伴うだろう）。人間の経済的安全への実際の影響を尺度とした、これらのルールの評価手段も必要になる（フィラデルフィア宣言第二条c）。ヨーロッパ内部での関係においてもこの原則が優勢を占めなければならない。EU加盟国同士の社会的・財政的な競争は、悪化すれば国家的な保護主義への回帰の温床となるので、今こそ終止符を打たねばならない。ビスマルクは賢明にも一九世紀末に、黎明期の社会保険をドイツ統合の接着剤とした。なぜ二一世紀初頭のヨーロッパは、労働者たちの能力を支えるのに適した新たな道具を手にすることができないのだろうか。フィラデルフィア宣言が定めた、手段と目的のヒエラルキーの回復を、なぜお手本にしないのだろうか。

注

1　Digeste〔学説彙纂〕, 45, 2,2. 以下を参照。Charles Demangeat, *Des obligations solidaires en droit romain*, A. Marescq, 1858.

2　フランス社会保障法第一条（第L.111-1条）によれば、「社会保障の組織は国民の連帯原則に基づくものである」。

3　以下を参照。Alain Supiot, « Sur le principe de solidarité », *Zeitschrift des Max-Planck-Instituts für europäische Rechtsgeschichte*, n° 6, 2005, p. 67–81.

4　CJCE, 17 février 1993, aff. C-159 et 160/91（*Poucet et Pistre*）, *Droit social*, 1993, 488, note Philippe Laigre et obs. Jean-Jacques Dupeyroux ; CJCE, 16 novembre 1995, aff. C-244/94（*Coreva*）; CJCE 26 mars 1996, aff. C-238/94（*Garcia*）. 以下を参照。Jean-Jacques Dupeyroux, « Les exigences de la solidarité », *Droit social*, 1990, p. 741.

5　以下を参照。Charles Malamoud（dir.）, *La Dette*, EHESS, 1980. 同書八〇頁にはバラモンの伝統に属する以下の文章が引かれている。「人間は生まれるやいなや、死によって支払われるべき負債の化身となる」。

6　Gosta Esping-Andersen, *The Three Worlds of Welfare Capitalism*. Princeton University Press, 1990.

7　以下を参照。Josette Nguebou-Toukam, Muriel Fabre-Magnan, « La tontine : une leçon africaine de solidarité », in *Du droit du travail aux droits de l'humanité. Études offertes à Philippe-Jean Hesse*, Presses universitaires de Rennes, 2003, p. 299 *sq.*

8　この繰り越しのための仕組みが社会的負債償還基金〔社会保障基金〕（ＣＡＤＥＳ）である。社会保障の「穴」（当時はそれが二一〇億ユーロ近くにのぼっていた）を埋めるために一九九六年に創設されたＣＡＤＥＳは、実のところその穴を何のお咎め無しに掘り下げることを可能にしたのである。当初は二〇〇九年に終了する予定だったが、定期的に存続が決められ、国会はますます巨大化する赤字の負担をそこに定期的に移し替えている（こうして二〇〇八年には社会保障の赤字という名目で二六九億ユーロの負債が移し替えられたが、そのうちの一四一億ユーロは医療保険のみに由来している）。

9　公衆衛生法典第 L.1110-1 条。

訳者あとがき

国際労働機関（ＩＬＯ）による一九四四年の「フィラデルフィア宣言」は、「労働は商品ではない」ことを確認した文書として、とりわけ労働法の分野において、その重要性が近年とみに再認識されている宣言である。[1] 本書はこの宣言が、労働問題という枠組みを超えて、一七八九年のフランス人権宣言や、一九四八年の世界人権宣言などと並ぶような、人権の発展の歴史におけるメルクマールであることを示そうとした書物である。

その重要性とはとりわけ、人権をめぐる議論の中に「身体」を導入した点にあると言えるだろう。フランス人権宣言で「生まれながらに」平等であるとされた人間は、本書の「はじめに」で著者が指摘するように、「純粋な理性的存在」であり、「身体」を持たない法的な擬制《フィクション》であった。しかし、産業の発展に伴い劣悪化した労働環境は、このような虚構的な存在を仮定するだけでは、人間の平等性が担保できないことを明らかにしてしまった。

こうした状況を受けて、労働者の「身体」を保護する目的で、一九世紀末にヨーロッパで発明されたのが労働法である。「健康の保護」や「栄養の提供」を語るフィラデルフィア宣言は、二度の大戦の反省をふまえて、労働法の理念を世界に向けて改めて問い直したものにほかならない。

本書にも巻末に附録として掲げられているこの宣言の文章を一読すれば、その今日性が少しも失われていないことにお気づきいただけるはずだ。「一部の貧困は、全体の繁栄にとって危険である」（第一条c）との力強い断言に触れると、本書でも言及される「マタイ効果」すなわち「富める者はますます富み、貧しい者はますます貧する」という状況が一段と進行しているように見える現代のグローバル社会は、むしろこの宣言から後退しているようにも見受けられる。こうした状況にあって本書は、単にフィラデルフィア宣言の理念への回帰を唱えるのではなく、このような「戦後の規範的な成果」が、「ここ三〇年来の国内・国際政治を支配するウルトラリベラルなドグマ」によって、いかに解体されてきてしまったのかを、鮮やかに分析してみせる。

その解体をひとことで要約するなら、フィラデルフィア宣言が見出した「身体」が、

「全体的市場」の中に、再び雲散霧消していく過程であると言える。市場が「自発的な秩序」によって支配されると考える市場原理主義者たちにとって、個人は「契約当事者という粒子」でしかない。しかしながら、そのような虚構が成立するのは、国家のお膳立てにより、市場のための法的な枠組みが整えられている場合のみである。リベラルの伝統にしても、このような法の支配の必要性自体に疑問を付したことは決してなかった。本書の著者の言う「大転換」が生じたのは、冷戦の終結後である。共産主義の破綻とは、単に東側諸国が資本主義のイデオロギーに取り込まれて消滅したことを意味はしない。西側諸国もまた、国家を単なる「道具」と考えるマルクス主義的なイデオロギーを取り込み、市場中心主義をより徹底させることができたのである。粒子状の契約当事者たちが国境を超えて自由にコミュニケーションするフラットな世界という虚構が、これによりいっそう強化されることになった。

ソビエト連邦のシステムが自らの正当性の根拠としていたのは、法の支配ではなく、「社会主義における共通の生の規則」であった。あらゆる世界を市場に変えるフラットな空間という虚構を支えるのも、「法律」ではなく、科学的であるとされる「法則」である。このような世界を支配する規則とは、「科学的な基盤を持つ規則」を除けば、あとは各人が「自分で自由に決められる規則」だけである。これにより引き起こされたのが、「福祉国家の民営化」という事態である。こうして社会保障が骨抜きにされ、その恩恵は「一番それを必要としてない者」によって食いものにされるだろう（本書第二章参照）。「自分で自由に決められる規則」とは、言い換えるならば、昨今の日本でもさかんに唱えられる、「自己責任」ということにほかなるまい。共産圏の解体以後の欧州の状況を主として語っているはずの本書の記述が、しばしば日本の状況を語っているようにも読めるのは、決して偶然ではない。よく指摘されるように、[2]一九四六年に公布された日本国憲法が、とりわけその労働法規において、フィラデルフィアの精神を受け継いでいることは明らかだからである。だとすれば今日の日本での改憲論議は、フィラデルフィア精神の息の根を止めようとするグローバルな動きと連動するものだということになる。とかく近視眼的になりがちな改憲論議を、グローバルな視座に置き直してみることは有益であろう。

日本の置かれた状況の解明にも示唆を与えてくれる本書の分析が目指すのは、「大転換」すなわち「ウルトラリベラル革命」以前の状況を取り戻すことではもちろんなく、グローバル化がもはや不可逆的な条件となった今日において、ありうべき新たな社会正義を模索することである。言い換えればそれは、かつて労働法が国家という枠組みの中で成し遂げていた「身体」の保護を、国境を超えて達成することだ。たとえば知的所有権の保護を担保するトレーサビリティなど、グローバル企業を守るためなら、国際的なネットワークはすでに整備されつつある。なぜそれを、労働者や消費者の「身体」の保護に用いることができないのだろうか。アラン・シュピオの問いかけは、高邁かつ具体的である。

＊

〈法権利〉という訳語は、法と権利を同時に意味するDroitという語のニュアンスを表すことを意図したもので、聞き慣れない用語ではあるものの、前著『法的人間　ホモ・ジュリディクス』に引き続き採用している。監修の嵩さやか先生には訳文の全体に目を通していただき、主に法学関係の用語について指導を仰いだが、なおも誤訳や誤解が残っているとすれば、その責はもちろんすべて訳者にある。訳文の一部には、訳者のもとに集まってくれた学生諸君らとの自主ゼミの成果が反映している。全員の名をここに挙げることはできないが、記して感謝したい。厳しいスケジュールの中、本訳書の完成にこぎつけることができたのは、『法的人間』に引き続いて編集を担当してくださった勁草書房編集部の鈴木クニエさんの尽力のおかげである。この場を借りて深く感謝を申し上げる。

二〇一九年四月

橋本一径

注

1 たとえば二〇〇八年の『労働法律旬報』(No. 1663=1664)における特集「グローバル下の労働と労働法の未来」を参照。

2 たとえば以下を参照。吉岡吉典『ILOの創設と日本の労働行政』、大月書店、二〇〇九年、二六頁。

ても、まだ依存状態にある人民にも、すでに自治に達した人民にも、それを漸進的に適用することが文明世界全体の関心事であることを確認する。

活賃金による保護を必要とするすべての被用者にこの賃金を保障することを意図した、賃金・所得・労働時間その他の労働条件に関する政策。
(e) 団体交渉権の実効的な承認、生産能率の不断の改善に関する経営と労働の協力、社会的・経済的措置の準備と適用における労働者と使用者の協力。
(f) 社会保障措置を拡張して、必要のあるすべての者に対する基本収入と、包括的な医療給付を与えること。
(g) あらゆる職業における労働者の生命および健康の充分な保護。
(h) 児童の福祉および母性の保護のための措置。
(i) 充分な栄養、住居ならびにレクリエーションおよび文化施設の提供。
(j) 教育および職業における機会均等の保障。

4

この宣言に述べた目的の達成に必要な、世界の生産資源の一層完全かつ広範な利用は、生産と消費の増大、急激な経済変動の回避、世界の未開発地域の経済的・社会的発展の促進、一次的生産物の世界価格の一層大きな安定の確保、高い国際貿易量の維持のための措置を含めた、効果的な国際・国内行動によってこそ確実になることを確信し、総会は、国際労働機関が、この偉大な事業ならびにすべての人民の健康、教育および福祉の増進に対する責任の一部を委託される諸々の国際団体と、充分に協力することを誓約する。

5

総会は、この宣言に述べた原則があらゆる場所の人民に充分に適用できるものであることを確認し、それをいかに適用するかは各人民の社会や経済の発達段階を充分に考慮して決定すべきであるとしと信じて、総会は、次のことを確認する。
(a)　すべての人間は、人種、信条または性にかかわりなく、自由および尊厳ならびに経済的保障および機会均等の条件において、物質的福祉および精神的発展を追求する権利をもつ。
(b)　このことを可能ならしめる状態の実現は、国家政策・国際政策の中心目的でなければならない。
(c)　国家ならびに国際の政策および措置はすべて、特に経済的および財政的性質をもつものは、この見地から判断することとし、この根本目的の達成を促進するものであり、妨げないものであると認められる限りにおいてのみ、是認されることとしなければならない。
(d)　この根本目的に照らして国際的な経済・財政政策および措置をすべて検討し、審議することは、国際労働機関の責任である。
(e)　国際労働機関は、委託された任務を遂行するにあたり、関係のあるすべての経済的・財政的要素に考慮を払って、自らが適当と認める条項を、その決定および勧告の中に含めることができる。

3

総会は、次のことを達成するためのプログラムを、世界の諸国間において促進することが、国際労働機関の厳粛な義務であると承認する。
(a)　完全雇用及び生活水準の向上。
(b)　自らの技能や知識を最大限に提供でき、一般の福祉に最大の貢献をすることができるという満足の得られる職業への、労働者の雇用。
(c)　この目的を達成する手段として、すべての関係者に対する充分な保障の下に、訓練のための便宜、ならびに雇用と定住を目的とする移民を含む労働者の移動のための便宜を供与すること。
(d)　すべての者に進歩の成果の公正な分配を保障し、また最低生

附録

国際労働機関の目的に関するフィラデルフィア宣言

国際労働機関の総会は、その第26回会期としてフィラデルフィアに会合し、1944年5月10日、国際労働機関の目的及び加盟国の政策の基調をなすべき原則に関するこの宣言をここに採択する。

1

総会は、この機関の基礎となっている根本原則、特に次のことを再確認する。

(a)　労働は、商品ではない。

(b)　表現および結社の自由は、不断の進歩のために欠くことができない。

(c)　一部の貧困は、全体の繁栄にとって危険である。

(d)　欠乏に対する戦は、各国内における不屈の勇気をもって、継続的かつ協調的な国際的努力によって遂行される必要があり、そこでは労働者および使用者の代表者が、政府の代表者と同等の地位において、一般の福祉を増進するための自由な討議および民主的な決定に参加していなければならない。

2

永続する平和は社会正義を基礎としてのみ確立できるという、国際労働機関憲章の宣言の真実性が、経験によって充分に証明された

マ行

ヤ行

ラ行

索引

著者

アラン・シュピオ（Alain Supiot）

1949年生まれ、ボルドー大学で法学博士号取得後、1980年に法学の教授資格取得。ポワチエ大学教授、ナント大学教授を経て、2012年よりコレージュ・ド・フランス教授。社会法体系のあり方の議論などが、フランスのみならず全世界の社会法学者に影響を与える当代屈指の労働法学者。

訳者

橋本一径　早稲田大学文学学術院教授。専門は表象文化論。2010年、東京大学大学院総合文化研究科博士課程修了。著書に『指紋論』（青土社、2010年）、編書に『〈他者〉としてのカニバリズム』（水声社、2019年）、訳書にアラン・シュピオ『法的人間　ホモ・ジュリディクス』（共訳、勁草書房、2018年）、ピエール・ルジャンドル『同一性の謎』（以文社、2012年）、ミサ／ヌーヴェル編『ドーピングの哲学』（新曜社、2017年）などがある。

監修

嵩さやか　東北大学大学院法学研究科教授。専門は社会保障法。1998年東京大学法学部卒業。著書に『年金制度と国家の役割』（東京大学出版会、2006年）、編書に『ジェンダー法・政策研究叢書第9巻　雇用・社会保障とジェンダー』（共編、東北大学出版会、2007年）、訳書にアラン・シュピオ『法的人間　ホモ・ジュリディクス』（共訳、勁草書房、2018年）などがある。

フィラデルフィアの精神
グローバル市場に立ち向かう社会正義

2019年6月10日　第1版第1刷発行

著　者　アラン・シュピオ
訳　者　橋《はし》本《もと》一《かず》径《みち》
監　修　嵩《だけ》　さやか
発行者　井　村　寿　人

発行所　株式会社　勁《けい》草《そう》書　房
112-0005 東京都文京区水道2-1-1 振替 00150-2-175253
（編集）電話 03-3815-5277／FAX 03-3814-6968
（営業）電話 03-3814-6861／FAX 03-3814-6854
理想社・松岳社

ISBN978-4-326-45116-6　Printed in Japan